JN409362

화양연화花樣年華

인생에서 가장 아름다운 순간

혼자 채워가는 빈칸, 몇 개 남지 않은 빈칸을 묵묵히 채워갈 것이다.

삶이 탑재하고 오는 기쁨, 슬픔, 통증을 홀로 맞고 또 보낼 것이다.

화양연화 花樣年華

인생에서 가장 아름다운 순간

남영숙 수필집

수필과비평사

■ 작가의 말

인간 정신활동의 가장 위대한 발명은 '의미 부여' 라고 한다. 사람이 살면서 하는 제반 행위는 삶에 대한 의미 부여이다. 그 최정점에 있는 것이 글쓰기다. 이토록 찬란한 기계문명의 시대에 아직 수공업의 형태로 남아있는 글쓰기인 것이다.

기계와도, 사람과도,

협업이 없으니 오직 혼자다. 고독한 작업이다.

'살아야 한다.'

그 명제에 대한 변주가 개개인의 인생이다.

순간들의 퇴적 속에 깊이 묻혀있는 기억을 꺼내어 글을 쓴다. 나의 이야기다.

주변이나 세상의 사람들에게 더듬이를 뻗쳐 소재를 포착한다. 타인의 이야기다.

나는 자전적인 것보다 타인들의 이야기에 주목하고 천

착한다. 인간 군상이 만들어 내는 실존적 얼굴을 마주하면 그들에 대한 성찰과 이해를 문자로 옮기고 싶다는 강렬한 욕구를 느낀다. 그것은 내 삶에 대한 위무이기도 하지만 그들에게 바치는 나의 헌사이다. 그렇게 나는 이 시대의 풍속화가이고자 한다.

수필은 삶에 대한 특별한 향신료였다. 무미한 음식에게 한 움큼 맛을 건네주는 조미료처럼 인생에 감칠맛을 더해주는 정신의 향신료였다.

글을 쓴 지 오래되었다. 생이 닳아 없어질 때까지 이 수공업의 노동을 계속할 것이다. 하나 냉동고에서 나온 얼음처럼 조금씩 녹아내리는 감성의 고갈이 아쉽다.

늙어버릴 정열처럼 이울고 말 것인가. 그리되지 않기를 소망한다.

차례

제2부 연리지

제3부 화양연화

제4부 탈피

제5부 법제하다

제 1 부

끝동

끝동

자신이 건사하지 못하는 육신은 인간에겐 짐짝이다. 누구인들 그리되고 싶을까. 뜻하지 않아도 종국에는 방어할 수 없는 무기력을 갖게 되는 것이 인간이라는 종種의 비극이다. 정신의 작용을 몸이 따르지 못하는 까닭이다.

그는 둘째 딸네 집에서 정물인 듯 존재한다. 지난해 여름, 막내딸에게서 이곳으로 조용히 옮겨져 온 후 사위와의 불편한 동거중이다. 옮겨진다는 피동형은 본인의 의지와는 별 상관이 없다는 것이다. 오남매를 생산하였지만 거동이 불편한 지금, 마음놓고 생의 말미를 의탁할 곳이 없다. '마음놓고' 라는 표현은 자녀들에게 부모로서 대접받을 수 있는 위치를 의미한다. 어미에 앞서 저세상으로 가버린 외아들이 여태 곁에 있었더라면 상황이 좀 나을 것인가도 생각해 보지만 그러리라는 보장은 없다.

인간이 가장 평안하게 지내야 할 생의 구간은 언제일까. 저세상에 이르기 전 마지막 남은 한 소절의 삶이 아니겠는가. 이미 기울어 스스로는 일어설 수 없는 낡은 선체 같은 몸과 마음이다. 타인의 손을 빌려 꾸려가야 하는 구차한 삶인 까닭에, 역설적으로 가장 인간다운 대접을 받아야 하는 것이다.

그의 낮은 목소리가 들려오는 듯하다.

'자식에게 폐가 되지 않으려고 노력하였다. 이미 많은 불편을 주고 있는 터에 그 말이 합당한가 싶기는 하다. 삶의 비루함이 때때로 '어폐' 따위는 괘념치 않게 만들기도 하는 것이다. 초승달이 만월이 되고 다시 캄캄한 그믐달이 되듯, 한때 나의 인생도 보름달처럼 환할 때가 있었느니. 초년의 궁핍에서 벗어나고 아이들이 잘 자라 제 몫을 확실하게 하는 사람들이 되었다. 며느리를 맞고, 촉망 받는 사위를 넷씩이나 보았을 때 세상이 내 것인 양 하였다. 그때의 나에게는, 생이란 누리기만 하면 되는 것이었다. 고단했던 내 삶이 포상을 받는 것이라 생각하고 남편의 몫까지 누리리라 생각했다. 그러나 인간에게는 미래를 대비하지 못하는 우매함이 있다. 그것은 착각에서 비롯된다. 인생의 무상함을 어찌 모르랴. 그럼에도 작금의 호황이 계속 이어지리라 생각하는 것이다. 생은 늘 뒤척이면서 흐르는 것임을 잊은 까닭이다.

현실이란 호시탐탐 인간의 등짝을 후려칠 준비를 하고 있는 듯하다. 종종 삶에서 비릿한 갯내가 나곤 했지만 외아들이 갑자기 세상을 등져버린 참척의 고통이란 참을 수가 없는 것이었다. 아픔을 계량화 할 수 없으니 타인이 그 고통을 어떻게 알까. 오랜 시간을 거쳐 내게 당도했던, 아늑한 향유의 시간은 찰나인 듯 스러져버렸다. 생은 다시 삼베처럼 엉성해지고 굵은 올 사이로 내게 왔던 모든 것은 빠져나가기 시작했다. 건강도, 한줌의 재물도.

이제 한 뼘 남은 구차한 삶을 잇기 위해 온전히 한 여식의 우산 아래로 들어서지 못하고 아이들의 집을 전전하지만 나는 그들이 불효라고 생각하지 않는다. 삶이 그들을 속일 뿐, 즉 그들 모두의 생이 조금씩 무겁기 때문이다.'

천륜에서 오는 내리사랑이라 하더라도 노인의 의식 속을 맴도는 서운함이 왜 없었을 것인가. 그래도 부모인지라 속내를 표출하지 못하는 그의 상념을 유추해 본 것이다.

팔순의 친정어머니를 모시고 있는 그의 딸이 문득 말했다.

"후일, 노인이 되어 내 육신을 잘 건사하지 못하면 내 발로 요양원으로 들어갈 것이야."

네 딸 중, 둘째인 착한 그가 하는 말이라고 하기에는 뜨악한 것이었다. 떠먹여야만 밥알이 입으로 들어가니 다른 수발이야 오죽할까. 많이 지친 듯하였다. 하루에 네 시간을 돌봐준다는 노인복지사의 출장 근무 동안이 그의 숨통이 트이는 시간이고, 요양사는 그에게 신이 내린 천사이다. 아들 없는 며느리는 요즈음의 세태로는 자식이 아니었다. 부유한 막내딸이 돌보다가 '왜 나만인가.' 하는 바람에 거처가 둘째네로 옮겨진 것이다. 한 부모는 열 자식을 거느리지만 열 자식은 한 부모를 모시지 못한다는 옛말은 시공을 넘나들며 유효하다.

자녀들을 지치게 하고 스스로도 자존감 상실이 임계점에 이르렀다. 인간으로서의 존엄성은 이미 없는 것이다. 삶과 드잡이하며 그저 열심히 살아왔을 뿐인 그 노인의 생이 어찌하여 그렇게 추레한 것인지. '끝동'에 대한 마련이 없어서 그런 것인가. 양쪽 모두 잘못이 없는 그 모녀가 서로 지쳐가는 것을 보면서 휘저어 놓은 앙금처럼 머릿속이 뿌예졌다.

언젠가는 당도해야 할 임종의 시간을 인지하지 못한 채 사는 것은 죽음을 회피하고 싶은 우리의 마음일 뿐, 그것은 어김없이 째깍거리며 우리 곁으로 오고 있을 것이다. 잘 죽는다는 것이 얼마나 주요한 일인지 아주 멀리 있을 듯한 그것이 문득, 갈기를 세우고 덤벼든다. 자존自尊을 위하여, 가족에게 폐 끼치지 않기 위하여 건강은 의무가 되어야 할 것이다.

생의 말미에 대는 아름다운 끝동,
계획하고 준비한다고 되는 것일까.
생은 끝내 남루한 것이어서
그저 운수에 맡길 뿐인 것인가.

인간에겐 종종 계획이란 단어가 아무런 의미를 갖지 못하는 때가 있을 것이니. 공식이 없어 정답도 없다. 그저 말 없을 수밖에.

사모하다

휑뎅그렁한 침대를 물끄러미 바라본다. 어머니의 체온을 느끼려고 두 손을 가져간다. 따스하지 않다. 오랜 여행 중이라고 치부해버리지만 적응되지 않는 강도로 전신을 훑어 내리는 무력감과 서러움은 견디기 어렵다. 어머니가 안 계신 집은 친정도 아니라는 생각을 한다. 영원한 결별이란 얼마나 캄캄한 것이냐. 그리운 이를 다시는 볼 수 없다는 건 세상의 모든 슬픔을 수습하여 한곳으로 모아도 이보다 크지 않으리라.

환영이 끈적하게 들러붙는다. 머리를 흔들어 털어내지

만 진드기처럼 떨어지지 않는다. '호상'이란 단어가 어찌 하여 세상에 존재하는 것인가. 부모님이 백세를 넘겨 떠난들 '호' 자를 붙일 수 있을까.

홀로 떠난 머나먼 길, 잘 가고는 계실까. 영안실에서 염사는 어머니께 고운 꽃신을 신겨드렸다. 자꾸 돌출되는 엄지발가락 때문에 그저 편한 신발만 신으셨던 어머니, 조그만 발로 꽃신을 신고 낯선 곳을 걷고 있으리라. 지아비와 자식들을 두고 어쩌자고 혼자 외로운 여행을 하실까.

허망하여라, 사는 일이여.

들숨을 멈추니 날숨도 끊어졌다. 삶과 죽음의 경계가 한 호흡 차이였다. 어제 멀쩡하던 어머니가 가신 것이다. 고통 받지 않고 떠난 복 많은 노인이라고 다들 말한다. 그럴까. 자식에게 간병할 기회라도 주셔야 했다. 그렇게 황망히 가시는 게 아니었다. 참으로 이기적인 자신에게 쓴 웃음을 짓는다. 이별의 준비를 위해 오래 앓으시라니.

수년 전, 어머니가 위중하셨을 때 의사는 노환으로 병

원에서 더 이상은 할 것이 없으니 마음의 준비를 하라고 하였지만 나는 승복할 수가 없었다. 수개월 간의 환자와 보호자의 조합으로 투병과 간병의 긴 터널을 지나 기적같이 소생하셨다. 그 후 무병하게 살아오신 것이다. 그 때, 이별의 백신주사를 고단위로 맞았으니 작별에 대한 항체가 생겼으리라 생각했다. 어떤 이별이 와도 감당할 수 있으리라 믿었던 것이다. 아니었다. 이별에 대한 면역이 없으니 또 아프다. 무척이나 아프다. 슬픔에 대한 항체는 왜 생기지 않는 것일까.

그래도 따뜻한 여름의 초입에 가셨다. 육신을 차가운 땅에 누이지 않아도 되는 것이 그나마 고마울 뿐. 한세상 어찌 살았느냐고, 그 통증을 어찌 견뎠느냐고 친정 온 여식 대하듯 흙은 어머니를 고이 품었다. 세상 시름은 다 놓아버리고 뗏장을 이불처럼 덮고 편히 누우셨다.

독실한 불자이셨던 어머니의 영정을 사찰에 모신 후 일주일에 한 번씩 온 가족이 모여 올리는 49재가 끝나는 날이다. 사십구 일 동안 중음신中陰身이었던 어머니의 영혼은 좋은 곳으로 가서 다음 생이 결정되었으리라. 영가의

업에 따라, 유족의 정성에 따라, 다음 생이 그 기간 안에 정해진다고 한다. 이제는 혼백과도 이별해야 한다. 어머니 뵙듯 일주일에 한 번 영정사진을 보고, 사찰 어딘가에 영혼으로나마 머물고 계실 어머니를 만나러 가는 위안도 이제는 사라진다. 서러움이 융단 폭격처럼 쏟아진다. 눈물의 매장량은 얼마일까. 닦아도 닦아도 끝이 없다.

반세기가 훨씬 넘게 내 어머니로 살아주셨다. 그 세월이 길어 어머니가 안 계신 삶은 극복하기 어렵다. 아흔을 앞둔 노인이 무얼 해줄 수 있으랴만 그 존재만으로도 위안이 되고 기둥이 되었었다. 사람이 이승을 떠나면 보내야 하는 일련의 순서 때문에 유족은 금방은 슬픔의 강물에 익사하지 않는다. 기다리고 있는 절차를 동동거리며 치러내야 하기 때문이다. 그래도 슬픔은 일들의 겨를 사이로 여지없이 끼어들곤 했다. 이제 절차마저 끝났으니 겨를이 아니라 일상이 통째 아픔이다. 여의는 슬픔 위에 얹히는 회한 때문이다. '살으실 제 잘하여라.'는 말은 이골이 나도록 들었지만 말처럼 쉽지는 않았다. 그리하여 잘못한 일만 기억에 가득하다. 자신이 실행하지 못한 '살으실 제….' 를 회한에 차서 지인에게 말하고, 그것은 또 다른 이에게 전이되며 번져갈 것이다. 그들도 무에 다르랴. 변명은 모두들 '바쁘기 때문에' 로 귀결된다. 인간은 늘 어리석다. 하면 될 일을 하지 않고 후회한다. 영정사진을 아직도 바로 쳐다보지 못하는 것은 그립고 죄스러워서이다. 며칠만이라도 나의 어머니로 부활해 주신다면, 불효의 이 참담함을 씻으리. 혼백이 말을 건넨다.

"아가야, 나는 언제나 네 편이란다."

모성은 한마디로 정의되지 않는다. 희생, 인내, 포용, 자애 등의 가치 있는 추상명사를 모두 아우르는 서술로 규정될 것이다.

어머니 산소에 오른다. 뗏장이 사름이 잘되어 보리밭처럼 무성하다. 봉분 조성 후 두어 차례 살수차로 물을 뿌리긴 했어도 올여름 같은 유난한 가뭄과 폭염을 어찌 견디어 이리도 푸를까. 기이한 일이다. 유택 안의 어머니가 뜨겁지 않도록 잔디가 잘 자라준 것일까. 인간의 염력을 믿는 나는 자신의 간절한 사모의 정 때문이라 생각해 버린다. 어머니는 아실까, 나의 이 회한과 그리움을.

회심곡이 흐른다. 그중에서 '부모님 은혜'의 한 소절은 비수로 내리듯 가슴에 자상을 남긴다.

영원히 사모思母하리.

인생, 그 비보호구역

길은 사통팔달하여 가고 또 오지만 인생의 길이란 그저 마력 없는 일방통행일 뿐이다. 반환점을 돌아 제자리로 돌아올 수 있는 마라톤 경기라면 좀 좋으랴. 그리하여 새로운 경기에 임할 수 있다면, 그렇게 연습해서 다시 뛰어 볼 수 있다면.

지인은 독신을 고집했던 사람이다. '했던' 이라고 굳이 과거형을 쓴 것은 지금의 심경을 그가 가끔씩 내뱉는 말로 미루어 짐작할 수 있기 때문이다. 언어의 행간에 언뜻 내비치는 회한이 자리 잡고 있는 듯해서이다. 이순을 훌쩍 넘긴 그는 세속적인 잣대로는 썩 괜찮은 청년과 결혼한 지 여섯 달 만에 '끝장'을 본 후 다시는 남자들의 곁을 서성거리지 않았다. 성채를 걸어 잠그고 칩거했다. 그래도 교수직은 생명의 동아줄처럼 꼭 붙잡고 있었다. 그렇게 일터와 집만을 시계추처럼 오가며 일에는 참으로 성실하고 유능하였다. 자신의 운명을 예감하였던 것일까. 아는 길로만 가면 새 길이 생기지 않는다. 그는 그렇게 되뇌며 독신의 길을 갔으리라.

친구들은 이우는 젊음 대신 삼세까지 이어진 가족의 수가 많아졌는데 그는 여전히 혼자다. 숫자의 압도적 열세에서 오는 자괴감이 이제는 느껴진다고 한다. 무엇이 인간의 가장 기본적이고 보편적인 즐거움을 누리지 못하게 하였는지, 언제가 그 시발점이었는지 그만이 알 것이다. 누구든 지난날의 자신의 결정에 대한 회한이 남지 않는 사람이 있으랴. 그럼에도, 생이 꾹 누르면 원하는 것이 갖가지로 튀어나오는 자판기 같다면 그 또한 재미없지 않겠는가.

그가 결혼생활을 계속했다면 필히 행복하였을까. 타인

이 만나 한울타리에서 평생을 서로 의탁하며 산다는 것은 일견 아름답게 보이지만 실로 만만찮은 일이다. 그것은 묵직한 십자가를 탑재하고 온다. 십자가의 크기와 색깔은 백인백색이다. 어찌 생각하면 혼인이라는 힘든 터널을 통과하지 않고 홀로 자유롭게 생을 꾸려왔음에 대한 징벌적 외로움이 아닌가 한다. 그들은 말할 것이다. 홀로 이어가는 삶이 얼마나 힘겹고 외로운 것인가. 거기에 더하여, 노년의 외로움마저 감내해야 될 것인가. 사실 기혼이든 미혼이든 종국에 가서 만나게 될 것은 외로움이다. 다만 여타의 방법으로 외로움의 크기를 줄이고자 할 뿐.

오랜만에 친구들을 만났다. 그들은 생각이 깊었으나 각자의 삶에 대처하는 방식은 달랐다. 빈손인 남편을 만나 굴지의 기업을 이룬 그는 조선의 한복판으로 들어가도 살아낼 여인이다. 묵묵히 모든 것을 받아들인다. 자신에게 다가오는 모든 것을 스펀지처럼 흡수하여 애착을 갖는다. 무던히 인내하며 그것들을 사랑하려고 애를 쓴다. 나는 한때 그에게는 결혼생활과 종교 사이에 명확한 구분이 없는 것이 아닌가 하는 생각을 하였다. 그만큼 자신의 결혼생활에 엄정했다. 그는 시인이다. 아니 시인이 되었다. 응어리를 표출하는 방법으로 시를 택했던 것이다. 아픔과 통제가 어룽져 있는 그의 시는 늘 아름다웠다. 그런 그가 요즈음 억울하다는 느낌을 종종 갖는다고 한다. 그의 절제와 인내가 임계점에 이른 것일까.

비우고 버리기에 능한 다른 친구는 방하착方下着한다. 자신을 에워싼 모든 것들에 대하여 최소한의 애정만 가질 뿐 집착하지 않는다. 부잣집 며느리였던 그는 집안의 쇠락, 참척의 고통과 자신의 발병까지, 운명의 얼레에서 풀려나오는 실은 고약했지만 저항했다.

그의 심장이 철로 만들어진 것이라 하여도 몇 번이나 부서졌을 터에 하물며 부드러운 인간의 육신이었음에랴. 생기 잃은 식물이 마침한 햇살을 만나 소생하듯 그의 인생이 광합성을 한 것이다. 그 햇살은 오기와 저항이었다.

"부드러운 것이 딱딱한 것을 이긴다."는 노자의 역설적 경구처럼 말랑한 생체였으니 오히려 부지가 된 듯하다. 그들은 바늘 끝처럼 예민한 감성을 가졌음에도 참으로 강한 심지가 내재한다. 나는 그 둘에게서 많은 것을 배운다. 애착의 대상을 사랑하는 법과 버려야 할 것을 내려놓는 기술을 취하려 하지만 애쓰는 것만큼은 되지 않는다.

우리는 만나면 가끔 독신을 부러워했다. 그들의 외로움은 간과한 채 굴레에 매이지 않는 그들의 자유스러움을. 그들 역시 기혼의 가치를 부러워했을까. '가지 않은 길'에 대한 기웃거림은 누구에게나 다 있는 것이 아니랴. 인생에 정답은 없다. 공식이 없기 때문이다. 그저 선택, 또 선택하고 그것에 대한 응분의 책임과 감내만이 존재한다. 탁월한 선택에 대한 누림 또한 존재한다. 기혼, 미혼의 구분은 아무런 의미가 없다. 다만 사람의 길이 있을 뿐.

인정도 품앗이라고 한다. 위무도 품앗이다. 우리는 만나면 서로 치유가 되었다. 그들을 만나러 갈 때면 정인을 만나는 것처럼 가슴이 설렌다. 속 깊은 말을 다할 수가 있기 때문이다. 그것은 탄산수 한 모금이다.

오늘도 하루가 이운다.

창마다 불이 켜지고 창의 안과 밖에서 내 인생도, 네 인생도 흐른다. 강물이 흐르듯 우리의 생은 그렇게 흘러간다. 우리는 저마다의 지도와 나침반을 가진 채 각자의 요량대로 지나가야 하는, 지시등 없는 비보호구역을 그렇게 통과해 갈 것이다.

구명조끼

법당 앞 돌판 위에 벌레 한 마리가 엎드려 있다. 불시착의 엉뚱한 입지다. 기진한 것인가. 하마터면 밟을 뻔하였다.

기척을 느꼈는지 기어가기 시작한다. 사람에게는 여남은 걸음일 뿐인 거리가 녀석에겐 천릿길이다. 게다가 따가운 여름햇살에 달구어진 화강석이 사막과 다를 것이 없다. 제 몸피엔 높이가 성벽 같을 돌둑 위를 맨발로, 추락하지 않으려고 온 정신을 집중하며 기어간다. 풀이 우거진 절집 마당 가장자리까지 가서야 완결되는 그의 장렬한 행군을 끝까지 지켜보았다. 미물이라도 자신의 생을 허투루 여기지 않는다.

얼마 전 지인에게서 들은 삼십대 후반의 젊은 의사 부부의 이야기에 가슴이 아릿해졌다. 남편이 스스로 세상과 결별한 후 그 고통을 이기지 못하고 아내도 뒤를 따른 것이다. 아내는 남편에게 '순장' 되었다. 남자의 우울증과 고부간의 갈등에 대한 소문이 흘러나왔다. 그들의 죽음은 두 여인의 살바싸움에서 움튼 것이 아닌가 하지만 웃자란 소문들만 낭자할 뿐 알 길은 없다. 좋은 집안에서 잘 자란 사람들이라는데 믿어지지 않는다. 그 직업을 갖기가 녹록지 않을 의사로서 만나 부부가 되고 슬하에 아들 하나를 두었다는 다복한 부부다. 모두 그들의 삶을 선망의 눈으로 보지 않았을까.

그들의 비극은 2세에게까지 고통이 이어질 것이라는데 더 큰 문제가 있다. 부모의 사랑 없이 홀로 자라날 아이다. 그뿐이랴. 희미한 옛 상처가 살아남아 언젠가는 아이에게 해일처럼 덮칠 수도 있지 않겠는가. 강물이 바다로 흐르듯 후일, 어떤 경로로든 그 상처는 아이에게 도달할 것이다. 우리의 정서로는 무척 껄끄러운, 자살로 부모의 생이 끝났다는 사실을 알았을 때의 충격은 감당하기 쉽지는 않으리라. 벗지 말아야 할 부모라는 그 묵직한 굴레까지도 작파해버린 연유가 무엇일까. 통증을 계량화할 수는 없어 그들의 아픔을 가늠할 길은 없다. 그러하듯 알 수도, 알 필요도 없는 것이 타인의 아픈 곡절이지만 분명한 건 그들이 행복하지 않았다는 것이다. 그들이 추구하던 행복은 어떤 것이었을까. 행복의 완벽한 모습을 추구한 데서부터 비극은 시작되지 않았겠는가.

대를 이은 고공의 안락함은 삶의 통증으로부터 그들을 지켜줄 마음의 솟대를 미처 세워놓지 못하게 한다. 어렵사리 꾸려온 삶이었다면 아픔에 대한 면역으로 생이 깨지는 일은 없었으리라. 압화가 썩지 않고 제 모습을 온전히 보존할 수 있는 것은 아름다움을 유지하는 수분을 전부 내어줌으로써 꽃의 모습을 잃지 않은 까닭이다. 최선의 형태가 아니라 차선을 택한 꽃의 지혜다.

젊은 그들을 형성해온 것은 지식과 자존감으로 가득한 자아였으리라. 저 홀로 서있는 지식은 인생에 크게 도움이 되지 못한다. 쌀이 누룩을 만나 술이 되듯 지식은 체험이라는 촉매를 만나야 발효되어 지혜가 된다. 오래 살아보지 않은 미숙함이 그 빛나야 할 지식을 무용하게 만들었다. 어렵게 쌓아온 지식과 함께 두 사람은 익사하여 흔적 없이 사라졌다. 인간을 구제할 기술을 가진 그들이 자신조차 구하지 못한 것은 아이러니다. 지혜라는 구명조끼를 입지 못한 까닭이다. 지혜는 시간과 인내가 쌓이며 체득된 모든 것의 응축이다.

소문은 부챗살처럼 퍼져나가 며칠 후 다른 곳에서 또 한 번 듣게 되었다. 아내가 죽은 것은 남편의 장례 후에 시어머니의 '네 탓'이라는 요지의 발언 때문이었다는 것이다. 그렇다고 자멸에 이르렀는가. 젊은 그는 아직 체득하지 못했다. 고공의 행진이 아니어도 엎드린 채로라도 내일을 기약하며 견디어야 했다. 후일 되돌아본다면 이도 저도 다 지나가 있을 뿐인데. 사람은 자신을 규정짓지 않아야 한다는 말이 있다. 살아남기 위함이다. 어떤 상황에도 자신을 적응시킬 수 있는 정체성의 유연함을 가져야 한다는 것이다.

문득 생각한다. 그 가족은 어찌하여 서로 사랑하지 못했을까. 회전하는 모든 것은 전기를 일으킨다. 발전發電하는 것이다. 사람에게서 나오는 온기가 회전하면서 사랑을 일으킨다. 그들에게 따스함이 부족했던 것이 아닌가. 지식의 무장만으로도, 물질의 힘만으로도 세상을 향유할 수 있다는 그릇된 판단이 아니었는가. 또한 자신들의 행로에는 어려움이 있을 수 없다는 오만함도 작동되었을 것이다. 난관에게 화내지 말 것이며 인생에 옹이를 박고 관통해 가는 통증에게 겸허히 머리 숙일 일이다.

복잡하고 치열한 경쟁사회를 살아야 하는 우리 모두가 잠재적 우울증 환자인 이 시대에 누가 누구에게 훈수를 둘 수 있으랴만, 사람의 등에 기대면 느껴지는 온기에 대하여 말하고 싶다.

며칠 전, 지인 몇 명이 모인 저녁은 참 따스하였다. 자신에게 이입된 온기는 상대방에게 반사되고 또 되쏘아져 왔다. 초저녁의 모임이 자정까지 이어져도 한 시간쯤 흐른 듯 짧게 느껴졌던 것은 그곳을 장악하고 있던 따뜻함과 재미 때문이었다. 육신은 사는 곳의 언저리를 벗어나지 못했지만 마음은 일상에서 멀리 떠난 여행을 하였다. 우린 가끔씩 혹은, 자주 그랬다. 분주한 일상의 한 귀퉁이를 베어 즐거움을 만든다면 그것은 전이되며 번져나갈 것이다. 행복을 지피는 불쏘시개가 되는 것이다.

아프지 않은 생이 어디 있으랴.

그저 삶에게 아부하며 칡넝쿨처럼 얽힌 채 살아가는 것일 뿐. 말하여질 수 없는 것들이 가슴 가득하여도 그냥 웃으며 사는 것일 뿐. 그것이 인간의 손길 밖에서 제 마음대로 흘러가는 세상사에 대처하는 지혜이다. 익사하지 않게 도와주는 구명조끼이다.

두꺼운 책

서점의 책 더미 속에서 흘깃 본 그 책의 이름은 『인생편집』이었다. 그 옆엔 『어쩌다 어른』이라는 치기 어린 제목도 있었다. 두 책을 조합하여 글을 쓴다면 인생이란 그대로 한 편의 통속일 것이었다.

친구들 모임에 삼십여 년 전 미국으로 떠났던 그가 오랜만에 참석하였다. 참으로 곱던 그의 얼굴에도 예외 없이 스치고 지나간 세월의 흔적이 낭자하였다. 인간의 얼굴 근육에도 어김없이 중력은 작용하는 모양이었다. 지표로 향하고자 하는 세상의 모든 물체들처럼 탄력 있던 피부는 아래로 늘어졌고 그의 얼굴은 우리의 거울이기도 했다. 메다꽂힌 젊음은 다 어디로 갔는가. 그럼에도 삶의 굽이들을 잘도 넘어왔다는 암묵적 동질감이 묘하게 흐른다. 젊은 날, 자존감 때문에 쉬쉬하였던 삶의 민낯을 이제는 서로가 드러내기를 주저하지 않는다. 인간은 삶의 단계별 구간마다 갖게 되는 감정의 교집합이 있다. 지금은 노년의 초입에서 갖는 감정의 어울림이다. 서로가 살갑다.

그는 미국에서의 삶이 즐겁지 않았다고 했다. 늘 제 나라가 그리웠다고도 했다. 오래전의 일이나 당시 수출 드라이브 시대에 수출로 '금탑상'을 받은 부잣집의 며느리가 되어 호사를 누렸던 시간은 인생의 한 소절, 십여 년 남짓이었다. 형제가 많고 돈이 많은 집안이 기울 때쯤이면 무질서가 극을 이룬다. 채권팀의 권리 행사로 자산이 휘발되기 전에 형제들 간의 땅따먹기가 난무하는 것이다. 돈의 매력을 넘어 마력은 그 무소불위의 구매력에 있음을 그들은 잘 알기 때문이다. 어찌하여 세상의 모든 지향이 돈일까.

그도 꽤 많은 양의 재물을 챙겨 객지로 갔다는 소문이 너울거리며 돌았었다. 저항할 수 없는 힘의 소용돌이에 휘말려 들어갔던 그때가 그에게는 지르잡고 싶은 삶의 얼룩이었을 것이다. 미혼시절과 출가 후의 유복함으로 이루어진 단단한 너럭바위는 그 즈음부터 풍화되기 시작하여 이제 이순을 훌쩍 넘긴 그에게 자잘한 자갈로만 남았다. 그럼에도 그는 무척 편해 보였다.

지르잡다는 옷 따위가 더러워졌을 때 그 부분만 쥐고 세탁하는 것이다. 친구의 경우만이 아니라 우리의 삶을 되돌아 볼 때 지르잡고 싶은 인생의 마디들이, 그야말로 편집해 버리고 싶은 부분이 얼마나 많을 것인가. 우리는 그러구러 어른이 되어가면서 저마다의 인생에 스미었다. 어쩌다 어른이 되어버렸다는 치기어린 표현이 불쑥 튀어나올 수밖에 없다. 그렇지 않은가. 생은 본래 신파처럼 통속하고 유치한 것이었다. 지식으로 중무장하고 그것을 파는 사람들도 현실적 사안에 부딪치면 앎과 행은 늘 따로 놀았다. 지성은 마파람에 게 눈 감추듯 사라지고 무지한 사람보다 더한 치졸함을 보이는 것을 자주 목격했다.

인간의 이성과 지성이란 살짝 덮어 놓은 홑이불에 지나지 않아 스치는 바람에도 그렇게 쉬이 들춰지는가 싶기도 했다. 그뿐이랴. 스스로의 미숙함으로 세상사에 잘 대처하지 못한 부분 또한 그런 것들이다. 사람이 무리지음으로써 생산되는 세상의 통속들이 서로 부딪치며 만들어내는 졸렬함, 그것이 개개인에게는 지르잡고 싶은 마디들로 남는 것이다.

그러나 그런 것들, 삼키기에 무척 쓴 것들도 세월의 더께가 내려앉으면 당의糖衣를 입힌 약처럼 쓰지 않게 된다. 통증도 과거로 편입되어 버리면 이미 아픔이 아닌 것이다. 그 친구는 가끔씩 고향에 다녀가곤 했다. 올 때마다 예전의 모습이 조금씩 지워져 차갑고 딱딱한 듯 여겨지던 그의 표정은 차츰 온화해져 갔다. 온갖 문제에 대한 답이 하나 있다면 그것은 통분通分된 공통분모를 사랑으로 하는 것이었다. 풍진 세상과의 전투에서 거둔 그와 우리의 전리품이 아닐 수 없다.

남매는 잘 키워서 짝을 지어 주었고 사위는 미국인이라고 했다. 이태 전, 귀향을 준비하고 있다던 그가 여러 가지 절차가 뜻대로만 되지 않는 듯 이번에 잠시 다니러 온 것이다. 언제 영구히 돌아올는지는 모르나 마침내 닿게 될 고향이라는 선착장은 늙어버린 그에게는 애틋하고 소중한 곳이 될 것이다. 아울러 우리도 그의 남은 생에 살가운 동행이 되어 주리라. 아프게 흐른 그의 삶은 조금씩 형태가 다르기는 하나 우리들의 자화상이다. 이른바 '범생이'로 불렸던 성실하고 우직한 친구들이다. 우리는 간단없이 진행되는 삶의 경기에 유순하게 임하였다. 썩지 않기 위하여 말라서 제 모습을 온전히 보존하려는 압화의 지혜를 차용하며 살아왔을 뿐. 그의 귀환을 기다린다. 객지에서, 숲을 이루지 못한 나무의 외로움과 고단함을 떨어내었으면 한다.

얼레빗으로 하루를 곱게 빗는다.

젊은 시간처럼 촘촘하지는 않으나 무사한 하루가 이우는 저녁이다. 인생이란 이해하는데 오래 걸리는 두꺼운 책과도 같다. 이제 사는 게 무엇인지 조금은 알 듯하다. 그럼에도 나에게, 우리들에게 또 한 번의 삶이 허락된다면 달라질 것이 많이 있을까. 질문에 대한 각자의 은밀한 대답이 있을 뿐.

백의 종군

차창으로 쏟아지는 햇살이 눈부셔 차광막을 조금 내린다. 반쯤 가려진 풍경이지만 참 아름답다고 생각한다. 질긴 섬유질만 남은 채 삭정이처럼 메말라 있던 감성이 깨어난 까닭이다. 먼저 서울로 간 아내의 격려가 귓전에 맴을 돈다. 그는 느낀다. 자신에게 되돌아온 세상 풍경은 예전과 다름없이 아름답다고.

삶의 부산함을 뒤로하고 한 사내가 서울로 가고 있다.

유학하느라 잠시 서울살이를 했을 뿐 내처 향토에서 살았다. 결혼하고, 사업체를 크게 키우기도 했던 고향을 버리고 나이 들어 타지로 간다. 켜켜이 쌓여 삶의 지층을 이루었던 생의 마디들이 주마등처럼 스쳐 지나간다. 눈을 지그시 감는다.

부모 도움 없이 시작한 사업체가 승승장구하며 커나갈 때 세상이 내 것인 양 하였다. 아내의 옷차림에 보석치장이 늘어가고 집도, 차도 커지고 직원 수도 늘어만 갔다. 그것은 정원이 꽉 찬 엘리베이터였다. 한 명이라도 더 올라타면 경고음이 울릴 참이었다. 의뭉스럽게도 삶은 너울을 쓰고 있어 그 얼굴이 잘 보이지 않는다. 공장을 증축하여 설비투자를 늘리려던 것이 패착이 되어버릴 줄 뉘 알았으랴. 큰 빚을 내어 부지도 넓히고 기계도 들여왔지만 새 시설로 대량생산을 하자마자 들이닥친 폭풍이 IMF였다. 막힌 판로와 살인적 이자는 그를 나락으로 끌어내렸다. 그가 쌓아올린 성벽은 물 먹은 토담처럼 무너져 내렸다. 모든 것을 잃은 그가 파편을 수습하여 '오두막' 하나를 꾸려 거처로 삼았다. 세상의 모든 불행은 욕심으로부터 발원한다.

IMF가 만든 분화구에서 오래 허우적거리며 반전을 도

모했으나 신은 그것을 허락하지 않았다. 남자의 눈물샘도 여인의 것처럼 표피 가까이 얕게 자리한 모양이다. 그의 눈물샘은 자주 터트려지곤 했다. 수런거리는 세상이 싫어 유목민처럼 떠돌기도 하며 세상과 맺은 모든 약정을 해지하고 싶었다. 아비, 남편, 친지, 이미 맺은 약정인 모든 관계와 결별하고 싶었다. 할 수만 있다면 잠시 냉동되었다가 수년 후에 깨어났으면 싶기도 했다. 그렇게 끝말 이어가듯 아슬하게 삶을 꾸려온 것이다. 그러구러 많은 시간이 그를 훑고 지나갔다.

봉인되어서 이미 없다고 생각했던 여유와 평화가 가슴 속에서 조금씩 감지되고 있었다. 누구에게서 되돌려 받았을까. 받았다는 소극적 표현보다 찾았다고 하는 것이 옳다. 분노와 좌절의 더께를 걷어내니 덮여있어서 없는 듯 느꼈을 뿐, 그곳에서는 여전히 평화가 존재하는 것이었다. 마음을 경작한다는 것이 말처럼 쉽지 않은 것임을 우리는 안다. 그의 마음의 밭갈이가 오래 계속되어온 것인지, 어느 순간 갑자기 깨달은 것인지 알 수 없지만 그는 초록처럼 평온해졌다.

불가에서는 돈오돈수頓悟頓修, 돈오점수頓悟漸修라 하여 수행방법을 일컫는 용어가 있다. 돈수란 단 한 번에 불심의 이치를 알아 깨달음에 도달하는 것이고, 점수는 깨닫고 나서도 계속 정진하여 깨달음의 세계를 이루는 것이지만 깨닫기 전, 점수의 과정이 있어야 한다는 주장도 있다. 깨달음이란 일상의 상황이나 조건을 주체적으로 바꾸는 수행이니 고매한 선사들뿐만 아니라 범속한 우리들도 일생을 살면서 크고 작은 깨달음을 만날 수가 있는 것이다. 그의 각성은 후자의 것이 아니겠는가.

종부처럼 무던히 인내하며 기다려 준 아내는 고마운 존재다. 그의 마음밭에 객토를 해준 사람이다. 토질을 개선하기 위해 다른 곳에서 좋은 흙을 옮겨오는 것을 객토라 한다. 황폐해진 그의 가슴에 조금씩 자신의 마음을 옮겨주었다. 그의 아내는 반응이 없는 지아비에게 실망하지 않고 묵묵히 흙을 퍼 나르곤 했다. 마음의 땅심을 높여준 것이다. 화석처럼 굳어져 있던 가슴에 조금씩 그렇게 스며들었던 듯하다.

요즈음은 자녀만 부모와의 동지를 피하는 것이 아니라

부모도 자녀와 함께 사는 것을 꺼린다. 그들로부터 독립적이기를 원하기 때문이다. 아들이 같이 살자는 전갈을 해온 것은 이태쯤 전이었다. 자식의 '보호' 아래 들어가고 싶지는 않았다. 그것에다 여태 남아있는 몇 안 되는 지인의 그물망을 버려야 하는 아쉬움도 있었다. 둘 다 직업을 가진 아들 내외와의 동거는 그저 부부간에 안팎으로 도우미일 뿐이라는 불편한 생각도 작용을 하였다. 역시 아내가 설득에 나섰다.

오래 고심한 그는 인생의 암호 하나를 푼다. 삶의 문양도 색깔도 지우리라. 흰 사발처럼 무심해지리라. 그리하면 누운 풀잎 같은 낮은 마음이 자신을 지켜줄 것이니. 그는 깨달았다. 세상에서 가장 설득하기 힘든 상대가 자신이라는 것을. 자신과의 합의가 이루어질 때 가장 강한 힘을 발휘한다는 것을.

그는 이제 백의종군 하려고 한다. 흰 무명옷을 입고 벼슬 없이 군대를 따라나서는 것이다. 그렇게 연연했던 기업체의 수장, 허세를 좀 부려도 좋을 각종의 명예직책, 세상의 모든 벼슬에 앙앙불락했던 자신이 우습다. 이제 '아버지'로 대변되는 기존의 질서, 힘, 그것마저 내어놓고 기꺼이 형용사적 존재가 될 것이다. 형용사는 주체가 되지 못한다. 다만 수식할 뿐. 아들의 집에서, 자손을 사랑하고 돌보는 조부모로서 그들의 삶을 치장해 줄 것이다.

비울수록 가득해진다는 충만의 아이러니, 반투명 유리 너머로 뿌옇게 보이던 것들이 개안하듯 환해진다.

반보기

가솔들이 임종을 앞둔 노인의 병상 앞에 병풍처럼 둘러서 있다. 그래도 다행이다. 요즘같이 바쁜 세태에 임종을 할 수 있는 자손이 얼마나 될까. 숨결이 약해져 까무룩 숨이 끊어지려는 찰나였다.

누군가가 말했다. 생시에 부부금슬이 그렇게도 좋으셨으니 두 분을 합장해 드리는 것이 어떻겠느냐는 제안이었다. 그때였다. 시신이 다 되어가던 노인이 벌떡 일어나며 소리쳤다.

"내가 그놈의 영감탱이와 어떻게 살았는데 죽어서도

같이 있으라는 말이냐." 시신이 벌떡 일어났다는 무서움에 기겁을 한 손자며느리가 그만 유산을 하고 말았다.

뜻밖이었다. 가족이 놀란 것은 까무룩 숨이 넘어가던 사람이 일어나 소리친 것도 그러려니와 그렇게 금슬 좋던 부부의 참모습을 알아버린 것이었다. 세상에서 가장 모를 것 중의 하나가 타인의 눈에 비친 부부 사이라고 하지만 그런 반전이 쉬이 있을 일인가. 늙은 여인의 내면 깊숙이 각인된 상처는 알 수가 없고 유추해볼 수도 없다. 요즘 회자되는 쇼윈도 부부였던 셈이다. 친정에 다니러 온 딸이 친구 집안의 일이라며 들려준 이야기다.

타인의 삶을 투시하여 볼 수는 없다. 그러므로 내 삶 또한 투시 당하지 않으리라는 생각을 모든 이들이 갖고 있다. 그래서 타인을 기망할 수 있는 '보여주기'가 가능해진다. 보여주기란 실제와 다른, 연출된 모습으로 외부에 비쳐지는 것이다. 누구의 삶이든, 그 삶에게 일괄적으로 허락되는 것은 얼마간의 포장이다. 그 부부가 일생 동안 원앙부부로 주변에 비쳐지기 위해 기울인 노력, 그

덮음은 말미에 와서 허망하게 무위로 돌아갔다.

한 일방의 인내의 집적이 어느 시점에선가 임계점에 이르렀을 것이 그 연유가 아니겠는가. 생을 되감기하여 그 부부의, 아니 여인의 삶의 궤적을 조용히 따라가 본다.

그 덮음, 연출된 화평은 부부가 협력하지 않고 어느 한쪽의 일방적 희생 위에서 이루어졌을 것이라는 생각이다. 통상적인 우리의 소망적 인식, 먼저 간 사람을 만날 수 있으리라는 시점인 임종의 순간임에도 이승을 떠난 남편 곁에 뉘어지는 것에 단말마의 저항을 하고 숨이 끊어졌다. 세게 짓눌린 용수철은 그 눌린 강도만큼의 반동으로 튀어 오른다.

그 부부에게는 '반보기' 가 전혀 없었던 것이 아닐까. 아내의 노력은 수취인 불명의 편지처럼 상대의 가슴에 전달되지 못하고, 보낸 이에게 되돌아와버리는 일상이 반복되면서 음습한 불만은 퇴적되었으리라. 부부 사이에 있어서 인내하는 자와 그것을 당연시하는 상대와의 관계에서는 이미 상투성이 존재한다. 당연시하는 마음의 굳은살이 박혀버리는 것이다. 사람 사이에 있어서 관계나

균형은 쌍방의 절충이나 협력이 있으면 결코 깨어지지 않는다. 그 노부부의 위장평화는 아내의 식물성 인내의 바탕 위에서 이룩된 것이다. 끝말 이어가듯 아슬하게 이어지다가 종내는 가까운 타인들, 가족에게 들켜버린 것이다.

반보기는 옛적 이 땅의 모녀들로부터 생겨난 애틋한 풍속이다. 하루해 만에 다녀올 수 있는 친정을 가진 며느리에게 허용됐던 명절 나들이였다. 모녀는 시댁과 친정의 중간지점에서 만났다. 딸과 만나는 시간을 늘릴 수 있고 딸이 친정까지 오고가는 수고도 덜어줄 수 있었다. 그것의 의미는 다양하게 변주되어 서로 양보하여 쌍방의 부담을 덜어주는 형태로 발전하기도 했다. 궁극적으로 쌍방이나 공동체의 더 나은 결과를 만들자는 것이니 그 정신을 빌려 응용한다면 땅심을 높여주는 객토와 다를 것이 없다. 그러나 그것은 잊혀져 가는 명사다. 항용 필요한 좋은 개념이지만 이기심이 작렬하는 작금이 그 어느 때보다 절실하게 요구되는 시점이 아닐까. 더 많이 필요한 시대임에도 반보기 정신은 더 멀리 달아난 것 같으니 아이러니가 아니랴. 사람들은 갑각류처럼 단단한 껍질 안에 영혼을 가두고 소통을 거부한다. 소통이 없으니 배려도 없다.

뒤집히기 일쑤인 갑과 을의 관계뿐만 아니라 세상의 길항하는 모든 것들에게 반보기 정신은 '벽'이 '문'이 되는 치유의 메신저가 될 것이라 생각한다. 너무 자의적 해석인가. 그것은 정확하게 반분되는 산술적인 이분법이 아니라 양보와 배려라는 희생의 개념이다. 이미 도래한 인공지능시대이지만 그 안에는 결코 존재하지 못하는 덕목이다. 인간만이 향유할 수 있는 자산이다.

백세시대여서 노년으로 규정되는 시기가 뒤로 물려졌다고는 하나, 스스로는 황혼의 문턱에 이르렀다는 생각이다. 젊은 날엔 세상이 두는 훈수에 귀기울이지 않았다. 젊은 패기란 것이 그렇게도 믿을 만한 기둥이었던가. 살아보니 훈수란 모두가 금과옥조였다. 남편도 예외가 아닌 듯하다. 요즘 부쩍 유순해졌다. 그의 속내가 가늠만 될 뿐 알 수 없지만 그것과 상관없이 나는 요즘 그에게 아부를 한다. 그것은 세 치 혀만으로 할 수 있는 가장 영특하고 경제적인 기술이다. 또한 우리의 허영심을 향해 날아와 꽂히는 추적 미사일이기도 하다. 신의 자판기에서 꺼내는 품목 중에서 인간을 위한 가장 맛깔스런 상품이 아닐까.

나는 요즘 반보기로 아부를 실행 중이다.

환승

홍해처럼 갈라졌다. 양쪽으로 편이 나뉘어진 살갗 사이로 허연 것이 보였다. 그것이 뼈일 거라는 생각에 흠칫 놀라는 순간 선혈이 낭자하게 솟구쳤다. 반창고나 붕대 따위로는 피를 멈출 수가 없었다. 찢어진 양쪽 살갗을 손으로 힘껏 잡아당겨 오므린 후 상처 부위를 머리 위로 쳐들었다. 오른손에 입은 상처를 왼손으로 싸잡아 쥐고 위로 올렸으니 두 손을 높이 쳐든 항복하는 병사의 꼴이 아닌가. 내 딴에는 상처가 심장의 위치보다 높으면 피가 좀 잦아진다고 알고 있어서였다. 두 손을 머리 위로 올린 포로의 형상을 하고 병원 응급실로 들어서는 심경은 참담했다.

생각보다 상처가 깊다는 것은 응급실 의사의 심상치 않은 표정으로 가늠이 되었다. 인대, 관절막, 모두 손상을 입어 수술이 불가피하다고 한다. 늦은 시각이라 의사가 모두 퇴근을 해버려 응급처치만 받았다. 이튿날 가장 빠른 시간으로 수술시각을 예약하고 돌아오는 길, 입안 가득 마른 모래가 버석거렸다. 결전을 앞둔 장수의 심경이 이러할까. 불쑥 찾아온 불청객처럼 느닷없는 사고가 너무 곤혹스러웠다. 그것은 자신에 대한 원망으로 전이되었다.

점입가경이다. 수술 후 오른팔은 캐스트 고정술로 묶어 놓았고 링거액이 왼팔로 흘러들어오고 있었다. 영락없는 중환자의 모습이다. 수술을 받으면 끝나리라는 예상은 빗나갔다. 입원을 해야 했으니 제 발로 걸어 들어와 유치장에 덜컥 갇힌 꼴이다. 창졸간에 환자가 되어 병원에 '수감' 됐다. 내가 없으면 제대로 굴러가지 않을 일상은 어찌할꼬. 아득해졌다.

질병이 아니라 사고로 환자가 되었을 때의 그 황망함이란 이루 말할 수가 없는 것이었다. 쉼이 진정으로 쉬는 것이 아니라 외부요인에 의한 강제된 쉼일 때 결코 평안한 것이 아니었다. 고만고만하게 쟁여져 있는 작은 숙제들이 무릎에 올라앉은 어린것들처럼 빤히 올려다보고 있는 것이다. 어쨌거나 환자에게 의사의 말은 지상명령이다. 나는 어린아이처럼 유순해졌다. 잠자코 며칠을 갇혀 있어야만 한다. 그럴 양이면, '잊자, 그리고 쉬자.'

가족이 돌아가고 혼자 누웠다. 관계를 이루며 관계 속에서 살아왔다. 사위가 고요한 혼자만의 시간이 초면의 만남처럼 어색했다. 그러나 문득, 편했다. '삶의 한순간 침체된 영혼의 채찍으로 날아드는 활력소 같은' 것이 문득이라고 한 시인은 말하였다. 나는 낮에 누워 있어본 기억이 없다. 부지런해서가 아니라 그냥 습성일 뿐으로 환한 시간에는 누워 천정을 마주하지 않는다. 자신을 지배해 왔던 습성이 그런 터수에 병원의 침대에 누워 그렇게 문득 평안을 맞이한 것이다.

마취에서 깬 상처 부위가 욱신거린다고 이 고요를 방해받으랴. 집 떠나와 갖는 혼자만의 시간, 얼마 만인가. 전화벨이 울리고 친구와 지인의 이름들이 차례로 단말기 화면에 선명하다가 스러진다. 문병이라도 온다면, 그리하여 이 아름다운 적요가 깨어진다면. 전화를 받지 않았다. 입원하였다고 말할 수는 없었고, 짐짓 아무 일도 없는 것처럼 전화를 받기는 더더욱 어려워서였다. 혼자서, 누워만 있어도 되는 상황이 선물하는 평온이 밀물처럼 밀려들었다. 한 발짝만 물러서면 되는 것을. 매사에 애면글면했던 자신을 타인인 듯 물끄러미 바라본다.

남다른 성취를 이룬 것도 아닌 터이지만 꽤나 분주하게 살았다는 느낌이다. 인간은 누구나 자신의 삶에게 기본적으로 빚이 있다. 천형의 채무자인 셈이다. 그 논리에 충실하고자 했던 일종의 강박증이 아니었던가 싶다. 의식의 흐름처럼 생각은 시공을 넘나들며 제 마음대로 오고 간다. 오래전과 그리 오래지 않은 지난날의 내 모습들이 포개진다. 미늘에 걸려 나오는 물고기가 월척이길 바라면서 낚싯대를 여러 개 드리웠었다. 그럼에도 성적은 대체로 저조했고, 월척은커녕 찌조차 움직이지 않은 것도 있었다. 전족한 발처럼 뒤뚱거리며 마음만 분주했다는 얘기다. 무엇을 지향하며 살아왔는가. 선무당처럼 어설프게 남겼던, 지르잡고 싶은 흔적들이 어룽져 온다.

며칠 동안이지만 생각은 구만리를 오갔다. 큰 사고는 아니어서 입원은 나의 인생여정에서는 지도에도 없는 간이역일 뿐이었다. 그러나 그 작은 낯선 역에서 구름처럼 피어오르는 상념의 늪에 빠졌다. 인디언들은 말을 타고 달리다가 멈춰 서서 뒤를 돌아다본다고 한다. 자신의 영혼이 못 따라올까 염려해서이다. 이번 사고도 번잡에다 마음을 주어버린 데서 촉발된 것이 아니었는가.

문어 발처럼 여러 갈래로 뻗쳐놓은 일상, 자신의 내부를 정리할 것이다. 일상이란 날마다 반복되는, 열어놓은 나의 창으로 세상과 만나는 일이다. 관계의 창, 욕망의 창들을 닫아주면 일상은 단출해질 것이다. 불현듯 환승을 생각한다. 이 역에서 차량을 바꿔 탈 것이다. 예까지 왔던 방향으로는 가지 않으리라.

운동하던 물체나 정지한 물체나 외부에서 힘이 가해지

지 않는 한 그 상태를 그대로 지속하려는 것이 관성의 법칙이다. 환승열차를 타면 내 의식이 다스리려는 새로운 일상에 관성의 저항이 올 것이다. 관성의 법칙은 외부에서 힘이 작용하지 않을 때 성립된다고 한다. 뒤집으면 외부에서 힘이 작용하면 관성은 깨진다는 말이다. 쉽지 않을 것이나 '얼쑤, 잘 한다.' 하고 자신에게 신명나게 추임새를 넣어주면 그것은 외부의 힘이 되어 그 관성에서 벗어날 수 있으리라.

환승열차 앞에 나는 서 있다.

제2부

연리지

그대에게

참 좋은 아침입니다. 가을이 길모퉁이에 와있는 듯 서늘한 상쾌함이 피부를 스쳤으니까요.

무더위와 폭우의 여름이 그예 물러난 것이지요. 사람살이에서 여름 혹은 겨울로 표현할 수 있는 것은 대저 삶의 통증이겠습니다.

수년 전부터 간간이 당신에 대한 소문이 흘러나왔었지요. 부친이 너무 유명한 분이라. 이제 당신도 유명해졌습니다.

한국 최고의 지성을 아버지로 둔 사람답게 명문대학을

조기 졸업한 수재인 그대는 사랑의 폭풍우에 휩쓸려 부모의 반대를 뒤로하고 무명작가인 청년과 미국으로 떠났습니다. 후일, 유명한 소설가가 되고 그대의 부친처럼 문화부장관도 된 사람이었지요. 오래전, 나는 그를 베스트셀러가 된 소설로 만났습니다. 청춘의 절절한 사랑이 책의 갈피마다 포개져 있는 그 소설이 너무 재미있어서 상, 하권을 단숨에 읽었습니다. 대단한 권력자의 딸과 사랑하는, 젊음 하나뿐인 청년의 이야기였는데 그 작가가 당신의 여린 영혼을 뒤흔든 바로 그 사람이었음을 나중에 알게 되었지요. 당신과 결별한 후 고국으로 돌아와 썼던, 결국은 자전적 소설이었던 셈입니다. 살아간다는 것은 일종의 독서이고 소설 쓰기는 독후감 같은 것이라고 하지 않습니까.

팍팍한 현실은 단단하게 조여졌던 사랑을 헐겁게 합니다. 학업과 돈벌이, 가사 노동은 어린 새댁에게 버거운 밀물로 덮쳤습니다. 둘이었으나 처절하게 홀로인 듯 지쳐갔고 당신의 우주였던 그 사람은 차츰 빛을 잃어갔을 테지요. 사람살이의 어려움이란 선택하는 능력이 선택의 시점보다 늦게 온다는 데에 있을 것입니다. 즉, 지혜나 지식은 그것이 필요한 적절한 시점을 넘긴 후에야 체득된다는 것입니다. 제때에 분별력이 생겨 중요한 사안들을 현명하게 처리할 수 있다면 생의 통증은 반으로 줄지 않겠습니까. 그러했다면 그대의 남편과의 결별은 없었을는지도 모르지요. 아니면 그것에 앞서 부모가 반대하는 무모한 결혼을 하지 않았을는지도 모르지요.

그래도 당신은 미국에서 변호사가 되고 검사가 됩니다. 참으로 영특한 당신, 신은 그래서 그런 고통을 주셨을까요. 영민함과 생의 전반부의 유복함을 받았던 대가가 너무 혹독합니다. 당신의 암 발병, 출중한 청년으로 자란 큰 아들의 죽음, 재혼에서 얻은 아이의 자폐증, 충격과 고통이 일상처럼 되어버린 것이 그대의 삶이었습니다. 한 인간이 겪을 수 있는 아픔의 종류와 양에 그저 놀랄 뿐입니다. 삶 깊숙이 육화된 고통을 감내해 가는 당신의 역량 또한 경이롭습니다. 한 인간을 선택하여 크게 쓰려는 신의 뜻이었다고 믿습니다. 하나, 우리는 모두가 그런 '거룩한 선택을 당하는 것'은 당최 사절하고 싶을 것입니다.

복병처럼, 생의 길목마다 지키고 있는 아픔들로 지쳐갈 무렵 그대는 일생 최대의 시련을 만납니다. 캄캄한 실명의 위기가 그것입니다. 딸의 불행을 지켜보는 부모님의 심경은 당신보다 더 힘들지 않았겠습니까. 당대 최고의 이성적 논객인 아버지는 딸을 위하여 남은 생을 주님께 바치겠다는 맹세를 하고 세례를 받습니다. 무신론자가 영성을 지향한 것이지요. 생물의 껍데기를 떠올렸습니다. 속살을 애면글면 갈무리하려는 껍질, 즉 부모의 숙명으로 드리는 혼신의 기도는 기적을 일으킵니다. 칠 개월 만에 눈은 씻은 듯이 낫습니다. 종교 이야기를 하자는 것이 아닙니다. 인간의 위대함, 그 종種이 가진 인내와 기다림, 염원을 말하려는 것이지요. 나는 당신과 다른 종교를 가졌지만 인간이 가진 염력을 믿습니다.

첫 남편의 한 점 혈육, 엄마를 닮아 수재였던 아들을 다 키운 청년으로 잃은 후 참척의 고통에 산산이 부서졌을 터임에도 목사안수를 받습니다. 무수히 난타당하는 것이 당신의 일상과 신앙이었지만 그 후 믿음은 더 높은 곳을 향했습니다. 그대 정신의 굳건함에 찬탄을 보냅니다. 그리고 '땅 끝의 아이들'이라고 당신이 명명한, 버려지고 소외된 세계 곳곳의 아이들을 사랑으로 끌어안고 기도하는 활동에 전념합니다. 그들의 삶이 초록으로 빛날 때까지 말입니다. 당신의 길이 비로소 선명해진 것이지요. 영특하고 아름다운 여인을 수없이 할퀴었던 그 고난의 의미를 알 것 같습니다. 신의 소명에 기꺼이 부응하여 이제 이타의 길을 가는 그대, 참 아름답습니다. 작은 육신에 깃든 그 많은 시련과 고통을 정수기를 통과하는 물처럼 정화하여 세상으로 되돌리는 것이지요. 당신의 삶의 전리품은 참 대단합니다.

밀봉되어 우리에게 던져진 삶 앞에서 우리는 가끔 두렵습니다. 낭자한 아픔과 한 움큼의 기쁨이 두루뭉술하게 엉겨 그저 실루엣으로만 보이는 생의 모습을 알 수 없는 까닭이지요. 그대 또한 얼굴도 모르는 삶에게 농락당한 것이지요. 생을 저어가는 뱃길이 그런 것 아니겠습니까. 그것이 우리의 정신을 부박하게 합니다. 그러나 사람의 아름다움이란 그것들과 맞서 종내는 극복하는 데 있습니다.

이제 바늘 끝같이 따가운 여름을 지나 열매 맺기 마침맞은 가을이 그대에게 와 있으리라 생각합니다. 그대를 보고 마음의 솟대 하나 세워야겠습니다. 좋은 계절입니다.

* 이 글을 쓴 지 이태 후에 그는 영면에 들었다.

연리지

그는 어둠 속에서 서신을 읽어 내려가고 있다. 그의 능력은 탁월하여 인간이되 인간의 한계를 벗어나 있다. 빛이 없는 캄캄한 땅속인데도 아내의 편지를 읽을 수가 있는 것이다. 이미 이승을 떠나 북망에 이른 까닭이다. 유택에서 남편은 아내의 애절한 서간을 읽는다.

장례를 치르는 그 분망하고 애통한 시간의 한 귀퉁이를 베어 아내는 남편을 여의는 고통과 사모의 정을 전각하듯 종이에 새겼다. 남편이 요절함에 청상으로 남겨질 여인이 자신의 절절한 한을 사려 넣은 서간봉투를 그리운 사람 곁에 뉘여 함께 보낸 것이다.

남편을 그리워하는 것에 익숙하지가 않다. 그가 떠난 것을 아직 실감할 수 없는 까닭이다. 병객이었으나 늘 곁을 지켜주던 사람이다. 그가 그대로나마 세상에 머물러주기를 얼마나 소망하였는가. 쇠잔해진 그의 두 발을 살진 흙에 꽂아 두면 어깨에 새순이 돋을까. 흐려져 가는 눈빛에 감로수를 부으면 맑아질까. 그렇게 애면글면 남편의 명줄을 위해 지극하지 않았는가. 모두가 허망하다. 이젠 그를 그리는 일밖에는 남지 않았다. 여인은 급히 편지를 쓴다. 이미 불귀의 객이 되었으니 그의 영혼이 읽으리라. 삼과 자신의 머리카락으로 엮은 미투리도 함께 관 속에 넣는다.

그렇게 지아비를 그리며 썼을 아내의 편지를 북망의 유택에 누워 읽고 있는 것이다. 한땀 한땀 공들여 만든 수제품 같은, 글 전체에다 방점을 찍어야 할 서간이지만 그래도 지아비의 눈물을 분수처럼 솟구치게 한 편지의 구절들이다.

"당신, 언제나 나에게 말하기를 둘이 머리 희어지도록

살다가 함께 죽자고 하였지요. 다른 사람들도 우리처럼 서로 어여삐 여기고 사랑할까요. 당신을 여의고는 나는 살 수가 없어요. 이 편지 자세히 보시고 내 꿈에 당신 모습 보여주세요."

그 황망한 상황 속에서도 자신을 향한 아내의 사랑이 제어되지 않았다는 것에 그는 오열한다. 그렇게 깊은 사랑이었는가. 뿌리가 다른 나무에서 키워진 가지들이 서로 만나 엉키어 한 나무가 되고자 하였다. 물관, 체관을 서로 아울러 연리지가 되지 못한 설움이 북받친다. 더 길게 목숨을 부지해 주지 못한, 더 많은 사랑을 주지 못한 회한과 아내에 대한 안쓰러움이 그득하다. 문득 아내를 향한 그리움이 갈기를 세우고 달려온다. 삼십일 세의 젊은 나이로 유복자를 남기고 요절한 남편은 자신의 영혼을 조련시키기로 한다. 육신은 이 칠흑의 무덤에서 육탈되어 갈 뿐 이곳을 떠날 수가 없으니. 지아비에 대한 아내의 그리움이 고여 샘물을 이루면 그의 영혼은 아내 곁으로 달려가 현신現身하여 위로해 주리라. 자신을 아내의 삶을 지탱해주는 도구로 쓸 것이다. 그리움과 자신의 염력이 보내주는 사랑으로 아내의 남은 생이 이어지게 할 것이다. 그리하여 아내의 세상은 종내는 견디어지리라.

편지로 유추해 본 그들의 사랑이다.

자신들의 사랑을 후세에 알리고 싶었을까. 사백 년이 훌쩍 흘러버린 이 즈음, 부부의 영혼은 누군가로 하여금 분묘를 열게 하였다. 1998년 안동의 어느 개발현장에서다. 우리가 '원이 엄마' 라고 불러주는 여인의 사부곡은 가슴을 송곳으로 찌르는 듯 애틋하였다.

인간의 단심丹心은 물질에도 작용하는가. 함께 묻은 가족의 편지는 훼손되어 읽기 힘들지만 여인의 서간은 온전히 보존되어 있다 하니 사랑의 신묘한 힘이다. 세상은 과학으로만 말하여지지 않는다.

오랜만에 열리는 스타의 공연으로 객석은 옥수수 알처럼 빼곡히 들어찼다. 중년의 가수에 중년의 청중들이다. 맨 앞줄의 빈자리 하나가 눈에 띈다. 그 좌석을 지키고 있는 건 한 개의 모자다. 공연은 절정으로 치닫고 무대에서 내려온 가수는 객석과의 소통을 시도한다. 옆의 빈 좌석을 지키고 있는 여인에게 말을 건넨다.

그의 팬인 여인은 오래전 남편을 여의었다. 부부가 젊은 연인이었던 시절, 그의 음악을 듣고 흥얼거리는 것은 그들의 큰 즐거움이었다. 연인은 부부가 되었으나 명줄이 길지 못한 남편은 여인에게 오랜 기쁨을 주지 못하고 이승을 떠났다. 긴 이별은 여인의 생을 아코디언처럼 겹겹이 슬픔이 접히게 하였다. 되돌아가지 못하는 사랑, 완성되지 못할 양이라면 시작도 없었어야 하리. 그래도 그 생을 버티게 한 것은 공유했던 기쁨들이었다. 복고의 열풍을 타고 온 옛 가수의 공연 소식은 여인을 기쁘게 또한 슬프게 하였다. 함께 듣고 싶었다. 그와 같이 즐기던 옛 노래들을. 여인은 두 장의 티켓을 사고 모자로만 남아있는 그리운 남편 곁에 앉았다. 오래 묵어 은근한 식물성의 사랑, 그 사랑으로 부부가 나란히 객석에 앉은 것이다. 그렇듯 사랑은 시공을 초월하여 아름답다.

진정성이 도처에서 요구되는 혼탁한 이 시대다. 수요는 많으나 절대적으로 공급이 부족한 인간의 최상의 자원이 진실함이다. 그 위에 가득하게 얹힌 사랑은 말해 무엇 하리. 수형이 아름다운 연리지를 이룰 것이다.

인간이 이루어 놓은 모든 추상적인 개념 중에서 가장 아름다운 것, 장미 한 송이의 무게가 태산만 하여지는 것, 세상의 모든 것을 금빛으로 물들이는 연금술이며 그것을 품에 안은 이의 심성을 몽돌처럼 매끄럽게 다듬어 주는 것이다. 사랑은 서로의 아픈 곳을 안아주는 상호보완적인 것이지 비음鼻音으로 말하여지는 것이 아니다. 하나에 하나를 더하면 둘이 되는 산술적인 이치만이 아닌 것이 사랑의 경이로움이다.

지금도 피어나고 있을 크고 작은
순결한 사랑들이 조각보처럼 이어져 이룩한 힘이
휘청거리는 세상을 지킬 것이다.

인연

녀석은 아직 마취가 덜 풀렸는지 졸린 눈을 하고 가만히 엎드려 있다. 안고 있던 의사가 내려놓은 그 자세대로 미동도 않고 있다. 엉덩이에 돋아나 자꾸 커지는 종양을 제거하는 수술을 받고 혼곤히 널브러져 있다. 세 번째의 수술이다. 이 미물도 제 한 몸 살아내기가 이리 힘이 드는가 싶어 애련하다.

녀석도 나도 이제는 이력이 조금 생겼다. 수년 전, 빼져나온 장을 제자리로 돌려놓기 위한 첫 수술 때 녀석이 곧 죽어버릴 것 같았던 불안과 초조함이 이제는 없다. 각종

검사를 마친 녀석을 수술실로 밀어넣고 다른 볼일을 보고 돌아올 수 있었으니. 자궁도 떼어냈는데 까짓 종양쯤이야 하고 불안을 떨쳐냈다. 그렇게 이력은 치러내는 일들의 집적에서 생긴다. 집으로 오면서 이놈과 만난 지 참 오래되었다는 생각을 한다. 두 달 후면 꼭 열여섯 해째가 된다. 짧지 않은 시간 동안 쌓인 정분은 여느 사람과의 정보다 훨씬 진하다.

퇴원 시킨 녀석을 데리고 돌아와 집안을 둘러본다. 물건들이 조용히 제자리를 지키고 있다. 나의 일상을 보필해 주는 이 모든 것들이 문득 소중해진다. 무생물이지만 영혼이 깃든 것처럼 여겨진다. 물건을 사면 잘 버리지 않는 성격 때문에 오래도록 정들인 물건이 많다. 그것들이 그냥 내게로 오지는 않았으리라. 나에게로 와야 할 연유와 그때마다의 조건이 만들어 낸 인연으로 왔을 것이다. 인연 맺은 그것들에게 나의 두툼한 생각과 찐득한 애정을 밀어넣었었다. 산천초목이나 무생물 등 갖가지 물건에 깃들어 있다는 혼, 즉 정령을 생각하면 함부로 물건을 버릴 수가 없다. 가당치 않은 생각이라 스스로 웃는다.

건강부회인지는 모르나 정말로 정령이 있는 것이 아닌가 하는 생각을 다시 한 번 하게 된 일이 있었다.

오랜만에 감나무를 올려다보다가 화들짝 놀랐다. 붉게 익어 가야 할 감이 하나도 없어서였다. 감이 열린 후 떨어졌는지 아예 열리지 않은 것인지 가늠이 되지 않는다. 그러고 보니 여름내 나무를 올려다본 적이 없다. 감꽃이 하얗게 떨어졌었다는 기억만 있을 뿐. 어린 묘목으로 친정에 와 사십 년을 넘긴 늙은 나무로 어머니가 무척 아끼시던 감나무다. 성목이 되기까지 잔병치레를 많이 했었다. 그때마다 어머니의 지극한 보살핌으로 소생하곤 했다. 나무에 대한 체계적 지식도 없으셨던 어머니는 그러나, 나무박사셨다. 정원의 나무는 종류를 불문하고 잘도 자랐고 죽어가는 나무도 어머니의 보살핌을 받으면 이상하게 제 성미를 버리고 살아났다. 지금 생각하면 그 연유가 필경은 정성이었을 것이다. 지난해 가신 어머니가 나무에게 너무 무심하다고 우리를 꾸짖는 것일까.

다시 생각해도 감나무에 감이 한 개도 열리지 않은 것은 놀라운 일이다. 가지가 휘어지게 많이 달려 잎들을 떨어낸 늦가을이면 붉은 감이 꽃보다 아름다웠다. 봄에, 매화나무에 매실이 죄다 떨어져 수확을 못했을 때는 기이하다는 생각은 했지만 그저 아쉽다는 생각뿐이었다. 수령 백년의 늙은이임에도 매실이 너무 많이 열려 우리가 거두고 남는 것은 이웃들이 가져가곤 했다. 그렇게 많이 열리니 그 열매를 만드는 매화꽃의 수효가 얼마였겠는가. 먼 산이마에 아직 잔설이 희끗할 때 매화 고목은 제 나이도 잊고 구름처럼 꽃을 피워냈다. 아름다운 고목은 올봄에 무슨 생각인지 채 굵지 않은 매실을 떨구어 내기 시작했다. 가뭄을 타서 그런가 보다 하고 물을 동이로 퍼다 주었으나 낙과가 너무 심해 결국은 한 알도 거두지 못했다. 감나무도, 매화나무도 약속이나 한 듯 우리에게 열매 하나 주지 않았다.

가신 어머니를 나무들은 그리워하는 걸까.
물만 주어서는 안 되는 것일까. 사랑까지 주라.

나무들이 내년에 어떤 몽니를 부릴지 궁금해진다. 그리고 연민의 정으로 그것들이 애잔해진다.

"매화야, 회자정리會者定離란다."

가만히 말하고 주인 잃은 꺼끌한 나무둥치를 쓰다듬어 준다. 어머니를 생각하니 또 슬픔이 목울대를 타고 올라온다. 육십여 년을 이어오던 모녀간의 인연은 지난해에 끝이 났다. 나 역시 어머니가 지독하게 그립다. 그 분 가시고 가슴에 들어찬 회한이 얼마이랴. 인연이란 무엇인가. 서로를 물들이고, 서로에게 물들어 가는 것이다. 오래된 인연일수록 서로의 색이 진하게 배어있다.

이불을 펴고 녀석을 조용히 누인다. 며칠이면 회복되어 온 집안을 아장이며 돌아다닐 것이다. 만났으니 언젠가는 헤어져야 하리. 이제 더욱 아껴 줄 것이다. 생각은 견공에게서 내 주변의 사람들에게로 전이된다.

그들은 내 삶의 구근이다.

공기가 고마운 줄 모르듯 그들이 고마운 줄 모르고 살아왔다. 나와 인연 맺어준 그들은 얼마나 살가운 존재들인가.

블랙박스

그녀가 문 담배에서 뿜어지는 연기가 푸르스름하게 희뿌옜다. 그의 생과 닮았다. 그의 인생은 늘 그렇게 파리했다. 젊었을 때의 고운 얼굴이 여태 남아있는 그의 흡연 모습은 참 멋있었다. 나이 들어서까지 몸에 해로운 끽연을 아랑곳하지 않고, 실용과는 거리를 둔 화려한 옷차림이었다.

그것은 대단한 사건이었다. 여행길에서 이십여 년 전 남미로 이민을 떠났던 지인을 우연히 길거리에서 만난 것이다.

그가 자신의 미국행을 '흘러들어' 왔다고 한 것은 두 아이를 데리고 남미에서 밀입국한 까닭이다. 오래전 가족과 함께 남미로 향했던 그가 그곳에서 남편과 결별하고 국경을 넘어 미국으로 물처럼 스며든 것이다. 삶은 모질지만 경이로웠다. 이혼한 여인이 먼 이역 땅에서 불법체류자로 두 아이를 키워내고 황혼녘까지 살고 있으니.

요즘 무척 고향에 가고 싶다고 했다. 갈기를 세우고 격렬하게 다가오는 수구초심을 견딜 수가 없어서다. 그가 귀향하러 그곳을 떠난다면 불안정한 터전이긴 하나 그래도 생의 근저가 있는 미국으로 다시는 돌아올 수가 없다. 무국적자인 까닭이다. 청산과 햇살 아래 반짝이며 흐르던 강물, 뉘엿한 해가 만드는 붉은 노을이 눈에 선연하다. 끈적거리며 들러붙는 그리움에서 언제쯤이면 놓여날 수 있을까.

언론인을 아버지로 두었지만 부모는 늘 불화하였고 그런 터수에 어머니마저 일찍 세상을 떠났다. 멀리서만 맴도는 아득한 행복을 잡아채기 위하여 무던히도 애를 썼다. 미모에 명문대를 나온 규수가 되어 희멀끔한 청년의 열렬한 구애로 결혼하였다. 세상의 저의란 그런 것이었다. 세상일이란 새옹의 말馬처럼 행과 불행이 서로의 단초가 되면서 맞물리는 것이어서 그리 슬퍼하거나 기뻐할 것이 없느니. 넌출로 오는가 싶던 기쁨은 실체가 서서히 드러나고 무능한 부잣집 아들은 쓸모가 많지 않다는, 그리 새롭지 않은 사실을 통절히 느끼게 하였다. 야무진 그가 시부모를 설득하여 축나기 시작하는 가산을 정리하여 신천지를 찾아 온 가족이 이민 길에 오른 것이 이십 년을 훌쩍 넘겼다.

내리치는 화투짝에 맞붙어 일어나는 화투패의 무작위처럼 운명의 얼레에서 풀려 나오는 자신의 삶의 얼굴은 늘 낯설었고 삶이 튀기는 파편은 아팠다. 그는 그것에 저항하며 열심히 살았다고 했다. 그것은 외부의 고온을 이겨내는 내화벽돌로 굳어졌다. 불법체류인 채 그리 긴 시간을 살 수 있었던 미국이란 나라가 허점이 많은 건지, 포용력이 큰 것인지 가늠이 되지 않지만 그에겐 희망을 적립할 수 있었던 땅이다.

내밀한 연유야 알 길이 없으나 이민으로 정착한 나라

에서 이혼하고 빈손으로 국경을 넘어야 했던 그 정황이 처연했다. 제삼의 나라에서 아이 둘을 가진 여인이 어떻게 비밀스럽게 뿌리를 내릴 수 있었을까. 불어를 전공한 그가 남미대륙에서 배운 말이 스페인어였고 그 언어가 필요한 곳에서 일을 하게 된 것이 밑절미가 되었다. 이식된 나무는 어렵사리 활착하여 투명인간인 채로 미국 사람이 되었고 잘 자라서 결혼한 두 아들은 그의 버팀목이다.

항공기의 비행자동기록장치인 블랙박스가 생生에도 있다면 낱낱이 기록된 그의 삶의 기록상자는 극적인 일로 가득할 것이다. 그의 좌충우돌하는 도전의식 때문이다. 그의 삶은 누구의 동의를 받은 적이 없다. 그저 선택하여 '고'를 외치고 잘못된 선택이면 응분의 수긍을 한다. 더듬이로만 전진하는 그의 놀라운 야성이다. 혹자는 한낱 외국에서 불법체류나 하는 사람에게 도전정신 운운하는 것을 우습게 생각할는지도 모른다. 독버섯이란 식탁 위의 논리이지 자연의 논리로는 빛깔 고운 아름다운 버섯일 뿐이다. 불법체류란 것은 미국 내에서의 잣대이지 불가의

'중생' 이라는 개념으로 확장한다면 억척스레 살아온 한 인간일 뿐.

연전에 출간된 유명작가의 『인생사용설명서』는 모든 공산품에 사용법이 있듯 사람도 한 번 뿐인 인생을 어떻게 사용할 것인가에 대한 팁이다. 삶을 경영하는 데 있어 하늘 아래 새로운 것이 있을까. 설명서의 키워드도 감사와 긍정, 용기와 희망, 기쁘고 즐겁게, 등으로 그야말로 삶의 정석일 뿐이었으나 작가의 재치와 성실함으로 책은 알곡으로 가득하였다. 친구가 그 책을 읽은 듯 살지 않았는가 한다.

그가 세간의 성공과는 거리가 있다 하나 실패한 인생은 결코 아니다. 그의 생에 옹이를 박고 관통해 간 그 많은 상처들은 이제 옅은 흉터로만 남아 있다. 한 여인의 인생 유전은 이제 또 하나의 변곡점을 맞고 있다. 그의 블랙박스에 귀향이 기록될 것인가. 여느 귀향과는 다르다. 제 나라지만 끈끈한 연고도, 재물도 기다리지 않는 또 하나의 개척이다. 더구나 서로가 서로를 사물화 하면서 고독해지고 있는 시대가 아닌가. 고난도의 비행기술이 필요한 저공비행이다. 적지 않은 나이에 수구초심만으로 돌아오기에는 무리가 있지만 그의 결정을 지켜볼 것이다. 그의 촉수가 어디로 향하는지를.

크게 성공한 인생만이
타인의 귀감이 되지는 않는다.

그의 강인함이 유리그릇처럼 살았던 자신의 지난날을 되돌아보게 한다. 어리석게도, 비단길로만 가려고 하지 않았는가. 후일 열려질 삶의 기록 상자, 나의 블랙박스를 위하여 신들메를 고쳐 매고자 한다.

이승을, 옹호하다

생각을 방목하며 걷는다. 마음도 풀어놓는다. 이십여 년이 넘도록 휘적휘적 걸으며 바삐 지나갔던 길이다. 누군가 있어 지금의 나를 본다면 내 얼굴은 무구할 것이다. 생각과 표정 사이에 필터가 없기 때문이다. 무심한 생각은 걸러지지 않아 얼굴에 그대로 투영된다. 무장해제다.

대체로 익숙한 골목 풍경, 그럼에도 우연한 시선에 포획된 것은 '하숙집'이라는 간판이다. 그것은 낯설었다. 새로 생겨날 업종은 아니므로 오래전부터 거기 있었을 것이나 그것은 눈에 띄지 않았었다. 무에 그리 바빴는가. 그

오랜 시간 동안 보지 못했다니. 하숙이라는 단어와 업종이 아직도 목숨을 부지하고 있다는 것이, 이 시절에도 하숙을 하는 사람이 있다는 것이 신기할 뿐이다. 몸을 의탁할 작은 공간만 있다면 혼자서 해먹을 수 있는 먹을거리는 지천인데 숙식을 제공받는 하숙을 할까. 슬며시 문을 열고 들어가 주인에게 하숙생이 어떤 이들인가를 묻고 싶어진다.

오래전 학교 앞은 온통 하숙집이었다, 기숙사가 수용하지 못하는, 아니면 그 규율에 얽매이기 싫은 학생들의 거처였다. 인생의 젊디젊은 한 소절을 의탁한 둥지였다. 사생아처럼 버려졌던 젊은 날에의 기억을 소환한다. 학창시절이라는 중요한 삶의 마디를 위해 청춘들이 빌린 공간은 미래를 위한 주요한 지렛대가 되어주었다. 배움, 꿈, 사랑을 위하여.

하숙이라는 의미의 외연을 확장해 본다. 어느 시기나 상황에서 목적을 이루기 위해 숙식을 제공 받는 거처의 형태가 하숙이다. 그러고 보면 신이 이 세상에 부려놓은 우리 모두는 하숙생이 아니겠는가. 다만 하숙 기간이 좀

길 뿐.

얼마 전, TV에서 매우 홍미로운 볼거리를 만났다. 치매 노인들에게 식당의 접대 일을 맡겨 그 수행능력을 보여 주는 것이었다. 두려운 질병이고 빠르게 증가하는 환자의 수를 생각하면 시의적절한 기획이었다는 생각이다. 선발된, 비교적 경증 환자인 다섯 명의 남녀 노인들이 얼마간의 교육을 받고 투입되었고 홍보를 위해 유명 셰프들이 주방을 맡았다. 주문한 음식이 바뀌어져 나올 수도 있다는 재미있는 안내문도 붙었다. 손님은 많았고 이틀간의 실험식당은 대체로 무난하게 끝이 났다.

한 편의 동화 같았다. 냄새란 단어에도 '따뜻한'이라는 형용사로 수식할 수 있을까. 화면에서 따뜻한 냄새가 났다. 희로애락의 오랏줄로부터 조금은 자유로워졌을 노년에 이른 사람들이다. 병으로 인해 그 감정의 잔해마저 남아있지 않아서인가. 노인들의 얼굴은 아기의 표정으로 참으로 무구하였다. 열심히 주문을 받고 음식을 날랐다. 한 할머니가 작은 실수를 한 후 "치매가 처음이라…." 하고는 웃는다. 손님도 웃는다. 치매 환자인 터수에 TV에

출연까지 했다. 이승에 존재하는 까닭이다. 그들의 병이 더디고 더디게 진행되기를 소망한다. 끝없는 유예란 없는 것과 같지 않은가.

기획한 프로그램을 위하여 가라앉은 흙탕물의 맑은 윗부분만 보여주었을 뿐 잠깐 비춰준 그들의 실생활은 실로 만만치가 않았다. 수학교사였던 남편은 귤을 사오라는 아내의 명을 얌전하게 사과로 바꾸어놓고도 심부름 잘못한 것을 전혀 인지하지 못한다. 출연자들의 면면을 비춰주는 초기 화면은 치매라는 병의 어려움을 잘 보여주는 것이었다. 그러하여도, 그들은 부부의 연이 오래 지속되기를 바랐고 눈물이 글썽한 딸은 어머니가 장수하기를 바랐다. 타인인 나도 그저 바라건대, 그들의 증상이 그쯤에서 멈추거나 느려져서 오래도록 이승을 누렸으면 한다. '살아야 한다.' 는 대명제 앞에서 인간은 약간의 변주만 있을 뿐, 다 겪허해야 하지 않는가.

따뜻한 냄새를 맡을 수 있었던 또 다른 곳을 기억한다. 몇 해 전 중환자실에서였다. 여인은 이 년여를 아들을 간병하는 데 투신하고 있었다. 건장하던 서른의 아들이, 생때같은 아들이 의식불명이 된 후 흐른 시간이다. 어미는 아들을 놓지 못한다. 아들이 쓰러지고 단 일주일 만에 7 킬로그램이나 내렸다는 살은 지금도 돌아올 줄을 모른다. 그는 울지 않았다. 인간에게 대체 얼마의 매장량이 있는가를 가늠할 수 없게 하던 그 폭포수 같던 눈물도 이제는 말라버렸다고 했다. 여인은 성녀처럼 깨끗하고 단정하였다. 잠깐 허락된 면회 시간 동안 아들을 씻기고 면도하고 귀에 속삭인다.

"'아가야, 이제 그만 집에 가자."

그래도 이승에 존재해 줘서 고맙다고 했다. 흙 속에 있지 않아서. 재가 되지 않아서.

오 년여의 터울을 두고 부모님을 여의었었다. 다시는 볼 수 없다는 것이 얼마나 캄캄한 것인지 겪어본 자만이 안다. 그 그리움의 늪에서 헤어나기까지 오랜 시간이 걸렸다. 아랫세대인 우리도 세상이라는 하숙집에 거주하는 기간이 다를 뿐 같은 길을 가야 한다. 이곳에 부려진 우리는 '태어났으므로 살아내야 하는' 절박한 사명이 있어 살아간다. 하나, 꼭 숙제만은 아니었다. 즐거움도 많은 여정이 아니었던가.

살아보니 자신에게 내재한 힘을 모르거나 간과한 것도 없지 않았다. 그것을 알아챘을 때 삶은 무동 태워지기도 했다. 때론 슬픔이라는 폭력이 가해지기도 했지만 오래도록 이승에 머물 수 있다는 것은 축복이다.

나의 하숙이 끝나는 날, 신이 내 몫으로 준비해둔 것, 사명과 누림이라는 트로피를 나에게 쥐여줄 것이다.

캥거루

질박한 차림새의 할머니가 자동차를 사고 있는 어울리지 않는 풍경. 본인이 운전하려는 걸까. 그러기엔 나이가 너무 많다. 기사를 고용할 만큼 부유하게 보이지도 않는다.

문득 궁금해져서, 귀를 나팔꽃처럼 열고 훔쳐 들었다. 노인과 판매직원 간에 가벼운 실랑이가 일었다. 직원은 정해진 액수를 꼭 채워야 계약이 유효하다고 했고 노인의 볼멘소리는 이사간 먼곳에서 예까지 찾아왔는데 그쯤의 편의도 봐주지 않는다는 것이었다. 깐깐하게 규정을 앞세우긴 했지만 직원은 연신 웃음으로 손님을 달랬다.

총총걸음으로 밖으로 나갔다 돌아온 노인은 부족분의 액수를 채운 후 남편을 기다린다며 앉아 있었다. 무료한지 초면인 나에게 살갑게 말을 걸어왔다. 그리 넉넉하게 보이지 않는 차림새와는 달리 꽤 값나가는 차를 구매하려는 그에게 은근한 호기심이 일던 터라 재빨리 응수했다.

부자가 되지 못한 사위를 위하여 딸에게 사주려는 차였다. 중고의 소형차를 구입하여 애마처럼 아끼는 마흔셋의 여식을 위하여 전대를 푸는 것이었다. 깨끗하지만 허술한 차림의 그는 버스, 지하철, 그리고 걷기가 자신의 교통수단이라고 했다.

뱃속에 새끼를 넣고 걷는 캥거루가 늙은 여인과 겹쳐진다. 사람 사이에 필경은 끼어드는 이해관계가 모녀 사이엔 작동되지 않는다. 그렇다. 일생을 뒤척이며 모아온 금전이지만 조금도 아깝지 않다. 생을 무단횡단하지 않고 바르게만 건너 온 노년의 정직한 돈이다. 단정하게 신고 있는 털신 안의 뒤꿈치는 굳은살이 박여있으리라.

아들 이야기로 이어지면서 노인은 더 말이 많아졌다. 부잣집 딸에게 장가든 아들을 기죽지 않게 하려면 늘 챙겨 주어야 했다. 때맞추어 청구되는 세금처럼 어김이 없는 아들 내외와 그 아이들의 생일, 모르는 척 지나갈 수 없는 이름 가진 날들의 귀환, 공물을 바치듯 그것들을 버겁도록 머리에 이고 살아왔다. 계속 자녀에게 헌신하고자 하는 노인의 마음은 관성에 법칙에 충실하다. 그럼에도 대접 받기를 바라지 않아 '담근 김치를 관리실에 살짝 두고만 가는 시어머니가 최고' 라는 명제 또한 굳건히 가슴에 새겼다.

그런 한 해들이 갔고 시간의 더께는 켜켜이 쌓였다. 노인의 언설에서 유추되는 것은 아들 내외가 효성과는 거리가 멀다는 것이다. 며느리는 머리가 좋은 사람이라고 노인은 자랑했다. 아비를 전혀 닮지 않은 아기를 '발가락이 닮았다.' 고 우겨보는 것과 같은 맥락이 아닌가. 모성은 세상의 정화조라고 한다. 자식의 흉허물을, 세상의 남루를, 그렇게 덮어 정화한다.

한참 후에 온 노인의 남편은 계약한 차의 진열품을 꼼

꼼하게 살펴보았다. 소박한 노부부가 아름답게 그러나 처연하게 보였다. 변변치 못한 생의 잔고를 여러 명목으로 깨알처럼 쪼개고 나면 자신들을 위한 잉여의 몫은 미미하다. 그것마저 허투루 쓰지 않는다. 그럼에도 퍼내기만 하는 내탕고는 자꾸 비워져 간다.

종족보존의 당위성을 가진 생물의 숙명을, 그것들의 최상위에 있는 인간의 숙명을 떠올린다. 부모가 되기 위한 특별한 준비도 없이 우리는 덜컥 그 위치에 오른다. 모두 어른이 되고 부모가 되어 이정표 없는 길을 간다. 길이 비로소 선명해지면 생은 이미 황혼녘에 있다. 출산율이 낮아지고 부모 되고 싶지 않은 젊은이들이 넘치지만 세상의 이어짐이란 본시 그런 것이었다. 새끼를 주머니에 품고 애면글면하기로는 모든 부모가 박빙의 승부이지 않으랴.

언어에 실린 의미가 시대에 따라 조금씩 변하기도 하듯 이제는 사람살이의 정서가 조금 바뀌는 듯하다. 젊은 세대로부터, 또는 세상의 일각에서 인식되어 옆 사람에게로 점차 스며드는 가족 기준의 변화이다. 끈끈한 핏줄의 공유인 혈연에서, 같이 사는 사람이 가족이라는 동거로 그 개념이 옮겨 가기도 하는 것이다. 공동체적 가족 기준은 대승적인 인식으로 서로의 외로움과 아픔을 치유하고 여러모로 인간을 널리 이롭게 한다. 그러나 그것은 의미의 주변부에 있을 뿐, 무릇 인간이란 피의 끈끈함에서 멀리 가지는 못하는 종種이다. 꽃샘추위가 봄을 사납게 할퀴더라도 그것이 봄의 대세를 막지 못하듯, 가족이란 혈연을 전제로 한다는 것이 늘 가족 개념의 중심부에 있다.

미수米壽를 맞은 어머니를 뵈러 간 것이 얼마 전이다. 엇비슷하던 모녀간의 키가 이제 큰 차이를 보인다. 어머니의 키가 거짓말처럼 줄어든 까닭이다. 작아져버린 육신은 무언가를 건사할 힘이 썰물처럼 빠져나가고 있었다. 나들이도 마다하신다. 정원의 둘레만 바장일 뿐. 어머니의 걱실걱실하던 손이 말랑하게 작아졌다. 그 '고사리손'을 가만히 잡는다. 따스한 전류가 나에게로 흐른다. 방전된 삶의 배터리는 가끔씩은 그렇게 충전되었었다. 아직도 나에겐 열기를 쏘아주는 온풍기 같은 존재인 어머니 앞에서 생각한다. 늘, 어미의 육아낭 속에서 세상을 두리

번거리는 새끼 캥거루인 양 살아오지 않았는가. 그런 터수에도 나 역시 아이들을 품에 안고 살아왔다.

세상 모든 어미의 사랑이지 않으랴.

모성은 받아쓰기 되어 아래로 이어진다. 내리사랑은 그렇게 번지고 또 번져갈 것이다. 세상은, 그러므로 캥거루의 우화로 안온하다.

모과

평온하다. 그리고 평안하다. 두 형용사에 의미의 차이가 있는 것일까. 있다면 평안이 평온을 그러안고 있지 않을까.

카페의 고즈넉한 분위기가 무척 좋아 차를 다 마시고도 오래도록 머물렀다. 무엇을 예비하는 골똘한 시간처럼 그렇게 묵묵히 앉아있었다. 손님이 적지 않음에도 왜 이렇게 조용하다고 느껴질까. 내 마음이 평온해서일까. 업종에 걸맞지 않게 특이한 이름으로 빠르게 알려진 곳이다. 독특한 이름 덕분이라고만은 할 수 없는 것이 여러 종류의 차와 찻집에서 직접 구웠다는 과자와 빵의 맛도 좋았다.

카페 '모과'는 이름처럼 마당에 늙은 모과나무가 서 있었다. 하고많은, 뜻도 모를 서양식 이름이 넘쳐나는 터수에 모과라는 이름은 특별히 고심해서 지은 것 같으나 막상 와보면 그런 게 아니란 걸 단박에 알아버린다. 그냥 모과나무가 서있으니 그렇게 지은 것일 뿐이라는 것을.

이 집은 기교가 없다. 그 동네는 찻집과 젊음에게 어울리는 서양식 요리를 파는 식당촌으로 이미 구성과 편집을 마친 곳이다. 그런 곳에서 어떻게 용케 살아남았는지 반세기도 더 전의 한옥의 모습을 고스란히 갖고 있었다. 나 어릴 적, 그때는 집이 조금씩 개량되던 때라 안팎의 구분 없이 노출됐던 대청마루에는 큼직하게 구획지어 무늬를 넣은 문살에 유리를 끼워 넣은 '가라스문'을 달았었다. 카페의 위채는 예전의 그 형태일 뿐이어서 미닫이 유리문을 열고 들어서니 옹색한 실내에 탁자가 여럿 앉아 있었다. 아래채만 조금 손을 보아 큰 유리문으로 출입하도록 해놓았고 모과나무가 서있는 흙 마당은 에부수수한

풀꽃들과 크고 작은 자갈이 흙의 맨살을 가리고 있었다. 흙이 보이지 않음에도 이 집은 흙냄새가 알싸하다. 검소하지만 누추하지 않은 곳이다. 대문도 있었을 것이나 무시로 출입이 가능하도록 얌전하고 크게 뚫어 놓고 손님을 맞고 있었다. 남의 가게 주방은 들여다볼 수 없을 것이니 아마도 그곳은 맛있는 빵과 차를 위하여 편리하게 개조되어 있으리라.

젊은이들이 쉴 새 없이 들고 난다. 나이 든 이는 나와 친구, 둘뿐이다. 품격 없는 표현으로 우리가 '물을 흐리고' 있는 이곳은 투박하고 뭉툭한 곳이다. 세련된 실내장식과 우아한 조명으로 무장한 카페가 우후죽순인데 왜 이렇게 이곳을 많이 찾는 걸까. 소박한 집이 주는 편안함 때문일까. 젊은 그들이 반세기가 훨씬 넘은 옛날 가옥의 형태를 알 리는 없다. 형태가 어떠하든 어머니 품같이 푸근한 분위기에 이끌려서가 아니겠는가. 첨단의 것을 지향하려는 인간의 욕망 아래로 지난 것에 대한 허기가 사람의 내부에 깊숙이 혼재해 있다. 그것은 육신보다 영혼에게 휴식을 주고 싶어서일 것이다. 일상이 버겁고 지루

할 때 찾아갈 향기로운 장소 한곳이 있다면 그 또한 담배씨만 한 축복이 아니랴.

요즈음, 사람들이 아우성이다. 희망이 크게 없어 보이는 암울한 환경 탓에 특히 젊은이들이 몽니 부리는 삶에 잘 대응하지 못하고 갈지자之로 걸어간다. 그들의 어려움은 이미 시대의 그늘로 드리워져 있다. 삶의 비탈에 서있는 우울한 청춘들이다. 그들도 이곳에서는 잠시 평화로울까. 사람과도 자연과도 거리감이 없었던 지난날들은 그 은근한 사이 속에서 쉴 곳도 기댈 곳도 많았었다. 되돌아가고 싶은 시대의 이정표는 군데군데에 있다. 시간의 수레에 실려 사라져간 것들, 그래서 아련한 생각 속에 잠겨있는 것들은 입을 떠난 말들처럼 다시는 불러올 수가 없는 것이다. 그래서 사람들은 문득 그리워한다. 지난 적 삶의 형태를 이루었던 모든 것들, 먹거리나 가옥, 삶의 언저리의 모습들을. 그때의 조악하던 물품들의 비효율성은 성긴 체에 다 내려가고 옛적의 구순하고 맑았던 시대정신의 향기만 남아있다.

지인은 농사를 지으러 시골로 떠났다. 땅과 의논하고

하늘과 동업하는 것이 농사다. 도시를 버리고 대지의 품으로 돌아갔다. 모종을 땅에 옮긴 것과 화분에 옮긴 것의 놀라운 차이를 보여주는 흙의 경이를 터득할 것이다. 귀농에는 못미처도 도심의 건물 옥상에다 텃밭을 만들고, 고급스럽게는 정원도 만든다. 영혼의 안식을 위해서 복고지향이나 자연친화만 한 것이 또 있을까. 그 단어들은 유기적으로 얽혀들어 한 무리를 이루며 인간을 위무할 것이다. 이불처럼 세상을 따뜻하게 덮어줄 것이다.

모과나무가 있는 카페 풍경, 두 번째 방문이다. 고갈되어 가던 나의 심미적, 감성적 측면이 스멀거리며 살아나는 듯하다. 이 집은 언제까지 존재할 수 있을까. 훗날 사라져갈 이 풍경에게 미리 그리움을 보낸다.

전원의 말

올려다본 하늘은 쾌청하다.

분주한 일상을 탑재한 하루들을 치러내느라 언제 적 쳐다보았던 하늘인가. 눈부신 햇살은 만물을 약동시킨다. 그 하늘의 말을 받아 적는 친구가 있다.

몇 해 전 그는 떠밀리듯 이사를 갔다. 통상적인 이주가 아니라 그곳으로 가야만 하는 필연적 연유 때문이었다. 걸리 낯선 곳으로 간다고 했을 때 그냥 해보는 말이려니 했다. 그의 귀촌이 하 서운해서 이곳에 계속 남아 주기를 바라는 마음에서였다.

시골에 도착하여 대충 이삿짐 정리를 했다는 친구는 예상대로 모든 것이 난감한 일뿐이라고 알려왔다. 그 후 일 년 남짓의 시간은 고통과 갈등의 연속이었다. 그의 넓은 토지는 주민들의 편의대로 금이 그어졌고 그것은 길이 되었다. 원래 있던 창고는 한 주민이 주택으로 개조하여 점령하고 있었고 그 외에도 자잘한 문제점이 한둘이 아니라고 하였다. 이십 년 넘게 방치되었던 땅은 발생된 문제들로 그간의 경위를 주인에게 낱낱이 고하고 있었다.

그가 연고도 없는 곳에 넓은 토지를 갖게 된 것은 오래전의 미숙한 투자로 인한 것이었다. 지인의 권유에 솔깃해진 그의 남편이 덜컥 사버린 것이다. 매우 잘못된 투자로 여겨져 매입 후 한참 동안은 나날이 후회하였다고 했다. 망각이라는 인간의 신묘한 기능은 참 고마운 것이어서 그러구러 잊을 수가 있었다. 인생의 의외성은 도처에 존재한다. 잊고 지낸 이십여 년, 그 땅에 방점이 찍혔다. 대지의 봄날이 오는 반전이 이루어진 것이다. 인근에 개발이 시작되었으니 그 뒤는 굳이 언설이 필요할까.

직접 경작하지 않는 농지는 매각했을 경우 차익에 대한 과세율이 상당하다고 한다. 도시에서 나고 자란 부부는 어설픈 농부가 되기로 작정하고 남편의 은퇴 후 결행에 옮긴 것이다. 모두가 젊게 사는 요즈음의 세태에도 이순을 훌쩍 넘긴 나이라면 결코 젊지 않다. 농사에 필요한 지식과 지혜가 있어야 하고 더구나 육체적인 힘이 요구되는 농촌인지라, 그런 용단을 내린 그가 대단해 보였다. 통념에 맞서 그들은 초보 농사꾼이 되었다.

선물은 문제라는 포장지에 싸여서 온다. 토지의 가격 상승은 많은 고민거리와 함께 왔던 것이다. 그들을 기다리고 있는 것은 그야말로 지난한 일들이었다. 우선 땅의 허리를 관통하는 길을 행정기관에 가서 바로 잡으려 했으나 개인의 땅이라도 이미 주민들의 주요한 통행로가 되어버린 길을 없애기는 난망한 일이라 하였다. 남의 창고를 개조하고 가건물까지 달아낸 사람도 퇴거시켜야 했다. 버티는 막무가내는 이길 재주가 없어 종내는 싸움으로 귀결되는 것이 다반사였다. 친구는 소송도 불사할 기세였다. 그것만일까.

낯선 환경에의 버거움도, 웬 불청객인가 싶은 그들의 인식과 은근한 질시도 부부에겐 사면초가였다. 그런 것들에서 연유하는 섬처럼 고립된 처지가 너무 힘겨운 것이었다. 줄 위에 편하게 누워 따슨 햇살에 꾸덕꾸덕 말라가는 빨래의 휴식과 평화가 부러웠다. 만만찮은 시간은 그렇게 자꾸 흘렀다.

손을 먼저 내밀지 않으면 그들의 손을 잡기는 어려울 것이었다. 길에 편입된 면적의 땅만큼은 내어줄 터이니 토지의 가장자리로 길을 옮겨달라는 타협에 들어갔다. 그것은 갈등이 만든 살풍경에다 그가 새겨 넣는 꽃무늬 같은 것이었다. 창고주민도 그냥 살게 하고 대신 농사 자문을 받기로 하였다. 물꼬를 트니 화해의 물살은 부챗살처럼 퍼지며 온 마을로 흘렀다. 사람 사이의 뜨끈함이 번지고 번졌다. 굳고 강한 것은 하급이고 부드럽고 약한 것은 상급이라고 노자는 말하였다.

전화선에 실려 오는 그의 목소리가 무척 밝다. 지난해 작황이 좋아 아주 재미가 있었다고 했다. 경작한 농산물은 자급하고도 남아 대처의 친구들에게 나눠주기도, 팔기도 했다. 주민들의 것은 모두 판매처를 알선해 직거래로 팔게 해주니 주민들과의 관계가 돈독해진 것은 말할 것이 없다. 사랑은 모든 이의 마음에 찍혀있는 '낙관' 과도 같다. 낙관을 읽어주니 사랑이 불려나왔다. 그렇게 벽들이 문이 되니 줄지어 주민들이 투항해 왔다. 본시 세상은 사랑으로 자욱한 것이 아닐까. 그들의 구심점이 된 친구는 이젠 위장 농군이 아닌 참 농부가 되었다. 농사에 문리가 트인 것이다.

그는 농사란 하늘이 하는 말을 받아 적는 것이라고 했다. 하늘과 동업하는 것이다. 넣어놓은 씨앗을 다 보듬어서 싹을 틔워 주는 땅도 참 어질었다. 씨앗은 신비의 덩어리였다. 무생물처럼 보이는 작은 알갱이가 부리는 마술, 싹이 트고 잎이, 줄기가 피운 꽃이 불러오는 열매들이 놀랍지 않은가. 친구의 내부에 자신도 모르게 오래 존재해 있었음직한 농사꾼의 목리가 그에게 문신으로 새겨지길 기대한다. 경작 면적과 작물의 종류를 조정하여 올해는 더 나은 소출을 계획하고 있다고도 했다. 농사일을 심화학습하다 보면 꾼이 되지 않으랴. 반복은 인간의 손을 신의 손으로 만든다고 한다. 그의 근황은 내마음에 울리는 평화로운 풍경소리다. 호흡기에 지병이 있던 남편의 건강이 눈에 띄게 좋아졌고 자신의 체력도 좋아졌다는 말을 덧붙였다. 마지못해 짓기로 했던 농사가 선사한 대반전이다. 유순하게 누운 들판에는 온갖 나물이 가득하다. 격양가를 부르리라.

제3부

연리지

각색하다

치열하던 하루들이 모여 이룩한 그날들, 그 부산하던 한생을 마감하고 안개로 누웠다. 자신이 조성한 숲의 한 그루 소나무 아래 수목장으로 영면에 들었다.

모두들, 그를 거인의 삶을 살았다고들 한다. 세계로 뻗는 대기업을 만들어놓고 운연처럼 사라져 갔으니. 그가 이승에서 차용한 시간은 일흔네 해, 연로한 부친에 앞서 이승을 떠났다. 불효다. 요즘의 연령 개념으로는 고인이 되기에는 이른 나이이다. 애석한 죽음이지만 세상과의 영원한 결별이란 누구에게나 예정되어 있다.

최근 회자될 만한 죽음들을 지면에서 만났으나 그 의미는 각기 다르게 다가온다.

호주의 한 지성은 백세를 넘기고도 사 년을 더 살았다. 그럼에도 병이 생기지 않는 몸을 스스로 죽음으로 이끌며 신이 결정할 삶의 마침표를 스스로의 몫으로 만들었다. 죽고 싶어도 죽지 못하는 것이 죽음보다 더한 고통이라고 했다. 치사약이 들어있는 주사기의 연결밸브를 자신의 손으로 열고, 베토벤의 「환희의 송가」를 들으면서 떠났다. 일견 성숙하고 아름다운, 그래서 의미 있는 죽음이지만 그것에 대한 판단을 나는 유보한다.

구십칠 세의 여인, 또 한 노인은 스스로 곡기를 끊어 떠났다. 자발적 죽음이다. 전공 분야에서 일가를 이룬 교수였던 남편을 떠나보낸 후 홀로 살던 그 역시 범절이 반듯한 명문가의 여인이었다. 보름 가량을 먹지 않음으로써 맑게 스러져 갔다. 이우는 꽃처럼. 죽음으로의 행로에서 자신과 가족이 시달리면 안 된다는 신념에서였다. 초연하여 아름답기까지 하다.

굳이 판단을 해야 한다면 후자, 즉 여인의 경우가 훨씬 아름답게 느껴진다. 평생 음식을 탐한 인간의 몸뚱이다. 그 육신에 곡기를 끊으면 사람의 얼굴은 맑아진다. 스스로 죽기를 가족에게 알린 후, 야위었지만 고운 얼굴로 떠나가는 인간의 모습이 숭고하다. 숨을 단박에 끊는 것이 아니라 이울어가는 자연사다. 전자는 어쩐지 섬뜩하다. 스스로 독극물을 주입하다니. 그럼에도 생의 마무리에 대한 의미 있는 특이한 형태임에는 분명하다.

인간은 죽음을 두려운 것으로 받아들인다. 나 역시 그러하다. 왜 그럴까. 우리의 통념 속에 존재하는 고정관념 때문이다. 세상의 모든 것과 이별해야 하고 어떤 형태이든 육신의 고통도 따를 것이라 생각하기 때문이다. 그러나 인간은 태어나면서부터 죽음으로의 방아쇠를 당겨놓은 상태이지 않은가. 바다로만 흐르리라 작정한 강물처럼 느리지만 아득하게 그쪽으로, 그쪽으로 흘러갈 것이다.

살아간다는 것은 정신과 물질이 공존하는 무림武林의 세계다. 무협지에서만인가. 사바세계가 무림이다. 그들이 삶을 잘 살아낸 '무림의 고수'여서 죽음을 그렇게 담

담히 받아들일 수 있었을까. 삶이 오랜 시간 발효되면 죽음조차 두렵지 않게 될 것인가. 발효란 각종의 유기물이 미생물의 효소작용에 의해 유용한 물질로 변하는 현상을 말한다. 무림의 고수가 되기 위해서는 삶에 대한 끊임없는 성찰이 있어야 하지 않으랴. 성찰의 함의는 스펙트럼이 넓다. 사람살이가 성찰이라는 효소로 인해 발효, 즉 숙성된다면 마침내는 일상을 대하듯 죽음의 문제도 새의 깃털처럼 가볍게 와 닿지 않을까. 하나 그건 고수들에게나 적용될 뿐 아직 하수인 나는 죽음에 대한 구체적 개념이나 준비는 없다. 그것을 가벼운 마음으로 마주할 수는 없는 것이다.

굳이 행복한 시간들이 아니어도 좋았다.

하루, 또 하루, 이 무난한 하루들을 내일도 누리리라는 일상의 관성 속에 있었을 뿐. 정확히 표현하자면 언제쯤 어떻게 세상을 하직하면 좋겠다는 구체적인 생각이 없었던 것이다. 인생의 끝내기에 대해서 아직은 생각하고 싶지 않다는 것이 나의 솔직한 심경이었다. 그 관성에 실금을 내어 깨뜨린 것이 얼마 전 맞닥뜨린 죽음들이었다. 묵직하고 피하고 싶은 주제인 죽음을 거론한다는 것은 피할 수 없을 뿐 유쾌하기야 하겠는가. 그럼에도 생각을 정리해둘 필요를 느낀다. 삶의 마무리, 즉 자신의 죽음은 이러해야 하리라는 생각쯤은 하며 살아야 한다는 얘기이다.

어느 즈음 불시에 죽음이라는 블랙홀로 빨려들어 갈 일이 아니다. 존엄한 죽음을 위해서는 그것에 대한 바른 이해가 첫 준비이다. 뜻대로 되지는 않을 것이나 죽음에 대한 자신만의 개념을 정립한다면 성숙하고 세련된 삶을 구가할 수 있지 않을까. 죽음은 숨이 끊어지는 순간만을 의미하지 않는다. 죽음에 대한 준비, 그것에 임하는 마음의 자세까지도 그 개념에 포함이 될 것이다. 그것은 일찍 시작될수록 좋다. 죽음의 질을 높이기 위한 노력은 삶의 질도 동반 상승시킨다. 버킷리스트를 만드는 것도 그 일환이 아니겠는가. 순간, 한 장면이 스쳐지나간다.

해보고 싶은 일을 대부분 성취한 후 숙연한 자살이든 하늘의 부름이든 병원이 아닌 임종실에서 생을 마치는 아름다운 장면이다. 어느 책의 저자는 말했다. 병원에서 가족 외에 타인도 지켜보는 데서 생을 끝내는 것은 너무 허망한 것이어서 임종실이라는 공간이 꼭 필요하다고 했다. 동의한다.

풀잎은 서로 겹쳐 무성한 초록을 만든다. 일생 동안 겪어온 몸과 정신의 변화, 여타의 모든 것을 아우르는 자신만의 생각을 다듬어 내 삶의 종언은 어떤 모습이어야 할지를 생각해 둔다면, 내 생각에 네 생각이 보태어진다면, 우리의 마지막 모습을 그리는 데 도움이 되지 않겠는가. 그 사념이 번지고 번져간다면 우리의 죽음에 대한 인식 또한 달라질 것이다.

고달프지만 아름답고 긴 여행을 마친 우리를 조용히 쉬게 해줄 죽음이다. 그것은 인간의 생명이 끝나는 일괄적 모습이지만 자신만의 해석에 따라 여러 가지의 변형된 모습으로 각색될 수 있을 것이다. 각자가 내린 정의에 의해 죽음에 대한 아름다운 각색은 시작되리라.

화양연화

편지는 오직 한 사람만을 상대로 하는 지극한 수제 예술품이라고 한다. 발신인과 수신인 사이에 형성된 감성적 지형도이며 당사자만이 독해 가능한 암호문이라고도 했다. 나는 그 예술품을 한 사람에게 매일 밤 보내고 있다.

사십육 년 전의 사진으로 반세기가 되어간다. 당시 유일했던 항공회사가 지은 호텔 앞에서다. 까마득히 잊고 있었던 밀월여행 풍경이다. 우리가 저렇게 앳된 얼굴을 갖고 있었던가. 낯설다. 얼굴도 얼굴이려니와 한복까지 챙겨 가서 입었던 자신의 모습이다. 그 시절엔 한복을 가져가야 했는지는 기억에 없지만 고운 한복을 여행지에서까지 차려입은 새색시의 순수한 마음을 칭찬하고 싶다. 글을 쓰다가 보니 나만이 아니라 신부들은 다 입었었다는 것이 아슴푸레한 기억으로 떠오른다. 제주도 여행 중에 한복을 입은 새댁과 정장을 차려입은 새신랑의 신혼커플들이 많이 눈에 띄었다. 복장을 보면 신혼여행을 온 부부이겠거니 했다. 서로 반가웠던 것은 신혼부부들이라는 집합명사 속에 편입된 일종의 동질감으로 시대가 요구하는 풍경에 순하게 따르려는 순진함을 확인했기 때문이었다. 여행에 한복이라니. 작은 발이 담긴 신발도 고운 꽃신이었으리라.

짐을 꾸릴 때 행장을 최대한 줄이는 게 상례인 것을 생각하면 격세지감이 크다. 물론 다른 여러 곳을 다닐 때는 간편복을 입었지만 그것마저 그때 유행하던 펄럭거리는 판탈롱 바지였고, 바지 밑에는 구두를 신었다. 버들같이 낭창거리는 스커트를 입기도 했다. 그런 복장을 하고 제주의 구석구석을 여행했던 기억을 꺼내는 것은 서정시 한 편의 위무다. 개인의 행동은 시대상을 반영한다. 세태라고는 하나 젊은 육신이었기에 그런 불편한 차림을 감당할 수 있지 않았을까. 간편한 복장에, 당연한 듯 외국으로 나가는 요즘의 신혼여행과는 모습이 많이 다르다. 그 시절은 꼭 약혼식을 했다. 결혼 전후의 시간, 그때를 화양연화라 불러도 좋으리.

봄의 새순 같은 신혼의 살림이 꾸려지고 고삐를 바투 잡은 마부처럼 분주한 나날들로 이어졌다. 여느 젊은 부부처럼 옴니암니 시비의 시간을 거쳐 부모가 되었다. 모든 이의 가슴에 찍히는 낙관처럼 부모라는 묵직한 벼슬을 하게 된 것이다. 그 직책은 쉽지만은 않았다. 세 아이의 어미가 되는 사이, 문의 틈새로 스미어 퇴적되는 먼지처럼 삶의 틈새로 끼어드는 이물질은 많았다. 물의 저항계수를 줄이는 것이 배를 만드는 요체라고 한다. 그럼에도 저항계수 없는 배는 없다. 인생도 마찬가지일 것이다. 기쁨만이 충만한 삶을 원하지만 인생의 저항계수는 끼어들게 마련이다. 행복과 불행이 교차 편집되며 마감을 향해 달리는 것이 우리의 삶이다.

퇴적되는 시간으로 하여 우리는 늙어갔다.

나는 어느 시에서 '늙은 아내'라는 표현에 가슴이 찌르르해진 적이 있다. 그 이후 그 언어에 미혹되었다. 젊은 날의 예각의 서릿발도 없고 지름길보다 에움길로 가기를 마다않는 나이 든 아내, 오래된 가구처럼 늘 그 자리에 존재하며 정서적 구심점이 되어주는 늙은 아내, 그 말이 주는 푸근함과 따스함을 나는 사랑한다.

나도 그렇게 늙은 아내가 되었다. 늙은 아내이면 늙은 엄마이기도 하다. 헌헌장부가 된 아들과 요조한 숙녀가 된 딸의 나이든 어미가 되었다. 손자들도 생겼다. 이 세상에서 가장 사랑스런 존재가 있다면 삼세들이 아닐까. 양육 책임의 최일선에 있지 않으면서도 그 사랑스러움을 만끽할 수 있어서가 아니겠는가. 이렇게 아름다운 '생물'이 또 있을까. 그들을 향한 기쁨의 화학물질이라는 도파민은 유효기간이 없다. 하릴없이 할머니가 되었지만 아이들 덕분에 조부모의 위치도 썩 괜찮다는 생각이다. 노년의 초입까지 같이 와주었던 그에게 고마움을 전한다.

이렇게 사랑스런 아이들에게 할아버지는 이제 존재하

지 않는다.

인간의 생로병사에서 '병'이라는 과정을 들어낼 수 있다면, 늙어가다가 순간에 눈감을 수 있다면, 그렇게 끝낼 수 있다면 인생이 얼마나 아름다우랴. 성실한 성정의 그는 이 과정도 빼놓을 줄 모르고 거쳐서 갔다. 그가 떠나던 전후의 시간들은 통과하기가 몹시 힘들었다. 반려의 떠남으로 인해 생긴 분화구는 아직 채우지 못한다. 변하지 않는 것이 진리라면 지금 내게는 슬픔이 진리다. 상처는 조금씩 아물어 가지만 흉터는 너무나도 선명하다. 신이 결정할, 나의 마지막 날 조금은 희미해진 채로 나와 함께 소멸될 것이다.

그와의 젊은 날의 기억을 소환한다. 여행을 좋아하던 그에게 이끌려 두루 다녔던 지구 곳곳의 사진이 상자에 가득하다. 귀찮아할 만큼 많이 찍어준 사진이다. 수많은 순간들이 그 상자 안에 퇴적되어 있다. 레테의 강을 건넌 그에게 매일 밤 편지를 보낸다. 지도상의 주소로는 영영 닿을 수 없는 곳에 있으니 흉중의 서신을 보낸다.

얼마 전 산에 올랐다. 같이 오르던 길이라 한 해가 다

되어가도록 피했던, 과히 경사지지 않은 산길이다. 군데군데 그의 흔적이 있어 힘들었으나 극복해야 했다. 순한 길이라 오가는 사람이 많았다. 앞서 가는 부부의 오순도순, 희희낙락을 흘깃흘깃 훔쳐보면서 올랐다. 회자정리會者定離라 하나 배우자를 잃는 일은 쉽게 극복되는 것이 아니었다. 어쩌자는 것이냐. 끝끝내 슬픔에 베이고만 있을 것이냐. 그 후 두 번, 세 번, 기를 쓰고 날마다 올랐다.

이제, 그와의 사진을 몇 장만 남기고 다 정리하려고 한다. 그 기억에만 함몰되어 있을 수는 없다. 기억해야 할 이유를 조금씩 지워가야 하리. 혼자 채워가는 빈 칸, 몇 개 남지 않은 빈칸을 묵묵히 채워갈 것이다. 삶이 탑재하고 오는 기쁨, 슬픔, 통증을 홀로 맞고 또 보낼 것이다.

부적

붉은색 토마토는 초록의 잎사귀 위에서 그대로 꽃이다. 푸성귀에 나려드는 햇살이 훈수를 두니 잎사귀들은 성큼 커져 탐스럽다, 햇살과 맑은 공기, 그리고 이파리들을 어르고 지나갔을 한 줄기 바람이 고맙다.

경작은 힘들지만 즐거움을 수반하는 노동이다. 일정 시간이 흐르면 손에 쥘 한줌의 소출 때문이다. 살진 흙을 객토했던지라 푸성귀가 실하게 살이 올랐다, 아삭하게 씹힐 풋것들의 향이 벌써 입안에서 맴돈다. 사서 먹으면 훨씬 적은 비용으로 취할 수 있을 것이지만 굳이 키우는 것은 누리는 즐거움 때문이다. 내 노역과 시간의 투자에 부응하여 키가 커지고 살집이 붙는 것이 기특하다. 더하여, 깨끗한 먹거리가 입으로 들어가는 기쁨은 헤아리기 어렵다. 정확한 계량은 해서 무엇 하랴.

걷거나 자전거 타기는 인간이 감당할 수 있는 수공업적 속도이다. 현대를 살고, 도심에서 삶을 꾸려가는 우리가 그 속도로 살 수는 없는 노릇이다.

이 범위를 넘어서면 그 속도를 얻기 위한 비용 즉 금전, 공해, 환경파괴 등의 인간이 치러야 할 대가는 많아진다. 그것을 상쇄하듯 나는 오늘도 소꿉놀이하는 농부가 된다. 속도의 파시즘에 맞서는 것이다. 속도는 가속을 부르고 제어되지 않는 빠름은 지름길을 지향한다. 그러나 "지름길은 종종 잘못된 길"이라는 서양 속담이 있다.

아끼는 침엽수 한 그루가 정원에서 30년이 넘도록 자라 탐스러워 몹시 아꼈다. 그러나 늘 오만했다. 가지치기에 조금만 소홀해도 최고의 수형을 보여주지 않았다. 상전이었다. 헐렁한 고무줄 바지를 입은 것 같은 편한 나무가 좋았다. '내가 너를 상전으로 모시랴?' 몽니 부리듯 자태를 흐트리는 정원수를 미련 없이 뽑아낸 후 흙을 파헤쳐 이랑과 고랑을 만들었다. 참한 텃밭이 된 것이다. 흙에서 나온 초록은 눈부시지만 안온하다. 인간이 가장 사랑하여야 할 색깔이 아닌가 한다. 헌헌장부처럼 서있는 나무들 한켠에 자리 잡은 텃밭에서 김매고 물을 준다. 담 밖의 통속과는 잠시 절연한다. 어디까지나 잠시일 뿐이다. 영속할 수는 없을까. 이 시대를 사는 생활인인 나에게 그럴 자유는 없다.

행복이라는 단어가 불현듯 내 앞에서 닻을 내린다. 인간이 이골이 나게 숭상하는 개념이어서 진즉에 매너리즘에 빠져버린 말이다. 그러함에도 다른 어휘는 떠오르지 않는다. 잠시 그 진부한 '행복'을 만끽한다. 텃밭에서.

인생행로란 검문소 많은 길을 가는 것처럼 그리 녹록한 여정이 아니다. 어느 시인은 지뢰밭 위를 자박자박 걷는 것과 다르지 않다고도 했다. 너울을 쓰고 있어 잘 보이지 않는 것이 삶의 얼굴이다. 그것이 우리를 당혹스럽게 하지만 주변의 인생을 둘러보면 삶의 고단함이 육신에 문신으로 새겨져 있지만 저마다 키운 맷집대로 잘들 맞선다. 생이 닳아 없어질 때까지. 물기가 빠져나간 모래처럼 푸석한 삶이지만 그래도 견지해야 할 것은 스스로를 지탱해 줄 신념이다.

그 중심에다 '감사의 마음'을 기둥으로 세운다면 풍진 세상, 그래도 잘 건너갈 수 있지 않겠는가. 감사하는 마음은 육체적, 정신적으로 면역력을 증진시킨다는 사실이 밝혀진 지 이미 오래이기 때문이다. 면역력의 증대는 건강으로 가는 지름길이다. 건강은 세상의 모든 일을 도모할 수 있는 초석이라 감사하는 마음은 곧 삶의 기술로 이어진다. 이태 전, 시름시름 아프다가 종국에는 큰 병으로 이어져 입원 후 수술을 받고서야 끝이 났다. 하마터면 예삿일이 아닐 뻔하였다. 그쯤에서 그쳐준 것에 감사한다.

오래전 수십 년이 넘은 그때, 공부하러 객지로 가는 딸에게 어머니는 붉은 비단에 꽁꽁 싸매어 아름다운 수실로 마감한 부적을 주셨다. 당신 대신 딸을 지켜줄 물건이라 생각하셨던 모양이다. 어쨌거나 나도 잘 간수하였다. 오래도록 갖고 있다가 버렸는지, 잃어버렸는지는 기억에 없다. 문득 어머니의 부적이 떠오른다. 지금 내가 나에게

줄 수 있는 선물은 무언가. 나를 지켜줄 부적은 무엇인가.

감사하는 습관이다. 그것은 긍정적인 사고로부터 온다. 벌써 없어져 버린 포도주 반병에 대한 미련보다 아직도 남아 있는 반병에 대한 긍정적 인식은 지렛대가 되어 너럭바위 같은 결과를 들어올릴 수 있을 것이다. 그렇게, 인생은 해석이다. 행복과 불행은 교차편집되면서 한쪽 문이 닫히면 다른 한쪽 문이 열리기 마련이다. 다만 인지하지 못할 뿐. 인생에 대한 해석은 개개인의 몫으로 자의적인 것이지만 마음을 바꾸면 삶이 바뀐다는 평범한 말은 늘 유효하다. 삶의 항산화작용이다.

한 차례 큰 병치레를 하고 나니 개안하듯 건강에 크게 눈이 떠진다. 요만한 건강이 허락된 내 삶도 고맙다. 건강만인가. 모든 것이 이만한 것이 어디랴. 살아있고, 그 산 육신이 즐기는 세상의 모든 풍경을 고마워한다. 꽃 피고 나비 날아 아름답고, 낙엽지고 눈 와서 아름다운, 터울을 두고 보여주는 철, 철들의 풍경이다. 자갈밭의 빈 수레처럼 투덜거리지 않는다. 스스로를 윽박지르지 않는다. 진즉에 해독했어야 할 생의 암호 하나를 이제야 푼다.

느리게, 또 감사하면서 산다.
내 부적이다.

숟가락 이야기

흠칫 놀란다. 아침의 서늘한 기운 때문이다. 바늘 끝처럼 따갑던 햇살이 이토록 유순해지다니. 영영 올 것 같지 않던 가을이 온 것이다.

화장실에 귀뚜라미 한 마리가 들어와 바닥을 기어다닌다. 녀석은 제가 있을 자리가 아니란 걸 모르는 걸까. 별 고민이 없어 보인다. 정원에 놓아주려고 돌아다니는 놈을 생포하려니 좀체 붙잡히지 않고 어디론가 사라졌다. 이쪽의 선의를 모르는 것이다. 포기하고 말지만 신경은 온통 녀석에게 가 있다. 이튿날 은신처에서 나온 모양인지 내 눈에 또 띄었으나 이번 포획도 실패했다. 먹이를 찾지 못할 이 공간에서 저러다가는 죽고 말 터인데 흔적 없이 사라져버린 녀석을 어찌할 도리가 없었다. 며칠이 지나는 동안 녀석의 존재는 까맣게 잊혀졌다.

어둑신한 저녁임에도 갈색의 윤이 나는 몸피가 바퀴벌레임이 틀림없다. 탁 내리치려는 순간, 손이 반사적으로 올라왔다. 애꿎은 목숨이 죽을 뻔하였다. 귀뚜라미였다. 며칠을 굶었으니 이번에는 어떻게든 '체포' 해서 제가 살 곳으로 옮겨 줄 것이다.

풀밭에 부려진 녀석은 제 세상을 만난 듯하다. 한 생명을 구해준 뿌듯함이 발끝으로부터 차오르는 순간, 맨손으로라도 죽여 버릴 대상이었던 바퀴벌레가 떠올랐다. 귀뚜라미가 죽으면 애꿎은 목숨이고, 바퀴벌레가 죽으면 잘 죽은 것이라는 자신의 인식에 대해 잠시 생각한다. 왜 그것은 불구대천의 원수처럼 대하는가를.

생각의 관성이다. 그렇게 인식해 왔으니 지금도 그러하고 앞으로도 그럴 것이다. 그러고 보면 생물의 생태

적 특성은 천형이다. 아름다운 소리로 울며 가을을 알리는 귀뚜라미를 인간은 좋아한다. 녀석은 제가 가을을 알리는지, 제 소리가 아름다운지 모른다. 그저 유전자의 설계대로 살고 있을 뿐. 같은 맥락에서 바퀴벌레도 마찬가지가 아닌가. 자신의 '천출'을 눈치 채지 못하고 신의 의도대로 그저 무구하게 살아가는 생물일 뿐. 바퀴벌레의 입장에선 무척 억울할 것이다.

그것들의 태생적 한계는 요즘 회자되는 인간세상의 금수저, 흙수저의 개념으로 옮겨진다. 차이가 있긴 하겠으나 어쩌지 못하는 굴레라는 점에서는 같은 맥락으로 봐도 좋을 듯하다. 그것은 이 땅에서만의 문제가 아니라 다른 나라에서도 마찬가지이다.

십여 년 전, 이집트에서 출간된 소설『야쿠비안 빌딩』에서 주인공 타하는 성적이 우수한 수재다. 경찰대에 지원한 그는 여러 관문을 쉽게 통과하며 최종 면접까지 올라갔으나 마지막에 쓰디쓴 좌절을 맛본다. 아버지가 '바웹'이기 때문이다. 그것은 다가구 주택의 계단을 청소하고 가구주의 잔심부름을 하면서 건물 입구 한 귀퉁이에 거처를 얻어 살아가는 직업이다. 천출의 타하는 바웹의 아들이 어떻게 '감히' 경찰대에 지원했는가 하는 비아냥 섞인 수군거림을 들으며 좌절한다. 몇 해 후 그는 극단주의 무장단체에 가입하여 반정부 활동에 앞장선다. 우리나라보다 더 경직된 사회, 이집트의 소설 속 이야기지만 세상의 여느 나라들도 신분과 계급에 관한 인식은 크게 다르지 않다.

그 대물림을 끊는다는 것은 고착화된 계층 간 차이를 없앤다는 것일진대 결코 쉽지가 않다. 세월이 흐를수록 철옹성으로 견고해져 신분 상승의 사다리는 없어져 간다. 청춘들은 비밀번호를 모르는 채 문을 열어야 하는 상황으로 내몰렸다. 생경한 이정표 앞에 내던져진 느낌이기도 할 것이다. 청춘은 세상을 그렇게만 간증해야 할까. 그렇다면 세상은 너무 불공평하고 재미없지 않은가.

세상은 그렇기만 한 것인가. 반전의 여지는 없는 것일까. 대저, 금수저도 본시는 흙수저였다는 사실이 누비옷처럼 따스하게 우리를 덮혀 준다. 오래전, 부의 종마가 되고자 노력했던 선대의 덕택으로 금수저의 계보가 창출된 것이다. 부의 종마는 부를 낳고 또 낳는다. 그런 세상임에도 상속된 부나 명예가 없으면 당대에 이루면 될 일이다. 쉬운 일이 아님을 누가 모르랴.

골프 여제女帝가 되어버린 박인비 선수를 생각하면 흐뭇해진다. '된'이 아니라 '되어버린'을 쓴 소이는 그의 성정을 칭찬하기 위함이다. 좋은 선수가 되기 위해 각고의 노력은 했지만 마음은 늘 비워두고 허상의 신기루에 앙앙불락하지 않았다고 한다. 그럼으로써 오히려 스포츠 선수로서 누릴 수 있는 명예와 부를 다 가지게 된 것이다. 사람들은 선수로서의 성공보다 그의 말솜씨와 품성을 더 칭찬한다. 넉넉하지 못한 환경에서 자랐다는 그가 어린 나이에 어떻게 그런 의연함을 지니게 되었는지는 알 수 없다. 상금으로 어려운 이를 위해 거금을 쾌척하기도 한다. 자신에게 온 온기를 반사할 줄 아는 그는 입에 금수저를 물고 태어난 것이 아니라 스스로 금수저가 된 것이다. 두루마리 펼치듯 앞으로의 인생도 잘 펼치리라 믿는다.

앞선 나의 모든 진술의 토대 위에서 나는 소망한다. 흙수저들이 신분상승에 연연하지 않아도 되는 세상. 평화스럽고 행복한 세상이 오기를. 또한 묻는다. 그런 세상이 오는 것이 용이할 것인가. 흙수저가 금수저가 되는 것이 더 빠를 것인가.

귀뚜라미와 바퀴벌레를 보면서 잠시 생각한다.

난치병

신년 벽두에 시와 소설, 문학이 통째로 왔다. 시장기가 돌아서 허겁지겁 먹는 밥처럼 시 한 편을 후루룩 들이켠다. 아주 특별한 맛이 신춘문예 당선작답다. 함께 배달된 각종의 사건사고, 삭막한 경제와 세계 도처의 분쟁 속에서 들꽃처럼 피어있다. 신춘의 위무다.

지난해 연말, 홍역을 치렀을 문청들의 모습이 눈에 선연하다. 응모 마감에 맞춰, 돋보기로 태양빛을 한곳에 모아 만든 순결한 불씨처럼 그간 적립해온 기량들을 응집해 방점을 찍었을 것이다. 모두들 '너는 당선이야.' 라는 이명이 귀에 잉잉거렸을까.

무엇이 그들을 문학에 대한 채무자로 만드는 것일까. 세상의 모든 것을 질료 삼아 글을 쓰니 세상을 더 깊이, 더 넓게, 응시할 수 있는 것인가. 깊고 넓은 시선이 있으니 만물이 글의 질료가 되는 것인가. 닭과 달걀의 관계이다. 필경은 튀어나오고야 말, 주머니에 넣어둔 송곳처럼 쓰지 않고는 못 배길 유전자의 문제인지도 모를 일이다.

글쓰기에 자발적 빚을 지는 것이 젊은이들만의 현상이겠는가. 글쓰기 교실에 사람들이 몰려오고 힘든 수업을 마다하지 않는다. 그들의 어깨를 두드려 주고 싶다. 지나간 생의 곳곳에 퇴적되어 있는 추억들이 그래도 돌아보는 생을 아름답게 하는 것처럼, 세상의 구석구석에 배치된 글 쓰는 이들이 세상을 풍성하게 한다. 신은 그렇게 도처에 아름다운 사람을 숨겨 놓았다.

인문학을 받쳐주는 큰 기둥의 하나인 문학은 깊은 강처럼 소리 내지 않고 유장한 세월을 흘러왔다. 대문호의 작품, 고전의 명문장 앞에 서면 한없이 작아지지만 그래도 쓰기를 멈추지 못하는 것은 난치병 때문이다. 써왔으니 관성으로 쓴다. 쓰려니 읽어야 한다. 읽으니 또 쓰고 싶은 것일 뿐. 그래도 쓰기의 근저에는 유전적 요소가 늘 존재한다는 생각이 든다. 이른 나이에 시작했더라면 좀 더 좋은 글을 쓸 수 있지 않을까도 싶지만 그저 인식의 확장이거나 마음의 방파제나 된다면 그것으로 되었다. 번다한 세상사는 철썩거리며 부딪쳐 오지만 글 쓰는 동안만은 글의 해자垓字에 막혀 나의 성안으로 들어오지 못한다.

일본의 시인 시바타 도요가 98세에 시집을 냈다. 일본에서 시집은 만 부만 팔려도 성공이라고 한다는데 백오십만 부가 넘게 팔리는 기적에 사람들은 흥분했다. 92세에 아들의 권유로 시를 쓰기 시작했다. 그의 시는 팍팍한 현실을 사는 사람들의 가슴에 위로와 행복의 잔물결을 일으키기에 충분했고 늦깎이 작가 지망생들에게 늦지 않았다는 큰 희망과 위안을 주기도 했다. 그는 자신의 생의 말미에 고운 시를 끝동으로 대놓고 백년을 넘기고 두해를 더 살다가 갔다.

글을 쓴다는 것은 예민한 더듬이로 세상을 감지하는 감수성의 문제로 좋은 글은 감수성의 용량에 비례한다. 그러다 보면 인간에 대한 애정과 연민이 생겨나지 않을 수 없다. 쓰는 자신에게도 카타르시스를 준다. 인간이 연출하는 갖가지 삶의 풍경들에게 주는 따뜻한 시선이 마음의 땅을 기름지게 한다. 읽는 이에게는 안식과 위무를 준다. 그러므로 세상에 헌혈하는 것이다. 안식만이겠는가. 죽비로 후려치듯 따끔하게도 한다. 글을 쓰면서, 가르치면서 필자들의 이지적 갑옷이 점차 두꺼워지는 것을 보면 문학은 철학의 영역에 있다는 말을 실감한다. 시나 수필, 소설이든 굳이 갈래의 구분이 있으랴.

문학은 모든 예술 장르의 근간이고 모태이지만 겸손하다. 영화, 오페라, 뮤지컬, 모두 웅장하고 화려하다. 문학이 어미가 되어 낳았다. 문학은 자신이 잉태하여 낳은 문화산업이 융성해지는 것을 흐뭇해만 할 뿐이다. 나무를 흔들고 지나가지만 보이지 않는 바람처럼 예술의 원류로서 묵직하게 존재한다.

인간의 한계속도는 시속 24킬로미터라고 한다. 그 이상의 속도를 얻으려면 대가를 치러야 한다. 그 속도를 얻기 위한 비용과 여러 가지 오염이 그것이다. 24킬로는 자전거가 내는 속도이다. 자전거 타기는 걷기의 또 다른 형태로 두 발을 부지런히 움직여 나아가는 수공업적 운행이다. 글을 쓰는 것은 자전거 타기와 닮았다. 물질문명의 발달이 아무리 눈부시고 산업화가 진행되어도 수공업의 형태로 남아 있어야 하는 것이 문학이다. 수공업은 힘든 노역이지만 세상을 오염시키지 않는다. 하여 인간의 영혼을 청정하고 평화롭게 한다.

위대한 작가이거나, 미숙함에도 인내와 열정을 헌납할 각오로 무장된 신인이거나 이름 없는 수많은 문인, 남녀노소의 수련생, 그들은 모두 난치병을 앓고 있다. 그 병이 전이되어 세포분열하듯 번지고 또 번져간다면 세상의 '벽'들은 모두 '문'이 되리라는 환상을 갖는다.

그리하여 오늘도 나는 쓴다.
내 육신의 물관도 열린다.

꾼

그는 노래를 참으로 잘한다. 그의 노래를 듣고 있으면 감전된 듯 전율이 온몸으로 번진다. 내장을 다 토해내야 나오는 소리, 온몸이 귀가 되어야 들리는 소리, 그의 노래는 그러하다. 크지도 않은 체구에서 솟구치는 '소리'는 청중의 영혼을 단박에 휘젓는다. 그는 소리 위를 걷는다. 뛴다. 그렇게 소리를 희롱한다. 접신의 경지다.

열 개가 넘는 직장을 전전하다 나이 마흔다섯에 가수가 되었다. 생의 중반에 이르도록 바른 좌표를 찾지 못한 그가 절창의 가객이 되었다. 그저 소리가 좋아 자꾸 부르다가 소리꾼이 된 것이다. 인생을 득음한 것이다. 그의 소리는 국악과 양악을 아우르고 넘나든다. 그에게 가수란 말은 어울리지 않는다. 단순히 가창력이 좋다고만 말하기엔 무언가 미진한 구석이 있다. 좌절과 한, 목마름과 열정이 버무려져서 자신만의 소리를 경작한 하얀 두루마기 속의 그를 사람들은 소리꾼이라 부른다.

'꾼'이란 어떤 일을 직업적, 전문적 또는 습관적으로 하는 사람을 가리킨다. 그것은 사전적 정의일 뿐 전문적이거나 습관적이라는 설명만으로 끝내기엔 미진한 부분이 존재한다. 꾼은 프로임에는 틀림없으나 그 위에 무언가가 더 있는 것이다. 그것은 열정을 투사하는 대상에 대한 폭발하는 애정이다.

영국에서 수잔 보일이라는 아름답지도 유복하지도 않은, 나이 든 무명의 여인이 세계적 스타가 된 경연 프로그램이 있었다. 비만하고 촌스러운 그녀가 부스스한 머리 매무새로 무대에 섰을 때 심사위원이나 청중들은 웃었다. 조소였다. 희망이 무엇이냐는 사회자의 질문에 가수가 되고 싶다고 했다. 그들은 또 웃었다. 또 한 번의 조소였다. 노래가 시작되고 천상의 소리를 뿜어내자 모두가 홀린 듯 일어나 기립박수를 보냈고 세계적인 별이 되었다. 오십의 독신인 그는 평생을 노래를 부르면서 살고 싶다고 했다.

얼마 전, 모 방송사에서 몇 회에 걸쳐 진행됐던 스타 만들기 프로는 사람들의 열광 속에서 끝이 났다. 도처에, 들꽃처럼 피어있는 아름다운 예비 '끈' 들을 캐내는 작업으로 예의 영국의 것과 흡사하고, 최후의 승리는 환풍기를 수리하는 스물여섯 살의 청년에게 돌아갔다. 어려서 부모의 이혼을 겪었고, 가난하여 중학교 중퇴의 학력이 전부다. 준수하지 않은 외모, 크지 않은 키, 어느 조건 하나도 예인을 소망하기에는 미흡한 조건이다. 그런 그가 노래에 대한 치명적 애정 하나로 거액의 상금과 자동차를 부상으로 받고 130만 대 1의 관문을 뚫었다. 희망의 아이콘이 된 것이다.

감정을 계량할 기기가 없다고 하여 그의 기쁨을 가늠하지 못할까. 세포마다 환희가 스며들어 온 육신이 기쁨의 덩어리가 되지 않았으랴. 생의 마디들이 아픔으로만 채워졌던 그의 삶이 이제 빛나는 광휘의 마디 하나 갖게 되었다. 노래 부르고 싶어서 지난 삼 년간을 노래방에서 살았다는 그가, 허기 뒤에 오는 폭식처럼 기갈 들었던 노래들을 폭포수처럼 쏟아낼 것이다. 헝클어진 그의 삶의 실마리 하나를 풀어낸 사건이 그의 생을 지켜주는 솟대가 되지 않겠는가. 이제 꾼의 대열에 들어선 그의 요량은 무엇일까. 자신에게 빼곡하게 들어차 누워만 있던 꿈들을 하나씩 일으켜 세워 갈 것이다. 세상에 대한 원망도 차례로 내려놓을 것이다. 그리하여 자신의 영혼을 온기로 채워 가리라.

기획되어 공산품처럼 생산된 아이돌 스타의 조각 같은 외모, 현란한 춤 솜씨는 없다. 그저 품질 좋은 원목처럼 세공되어 있진 않지만 명품이 될성부른 목재다. 좋은 원목이란 탁월한 가창력이고 그것은 가수의 근간이다. 이제 심화학습으로 세공이 되면 진정한 꾼으로 등극할 것이다. 공개적 선발을 하는 경연대회라는 것은 힘없고, 연고 닿을 길 없고, 금전도 없이 꾼의 정신으로만 무장한 채 진군하는 젊은이들을 위해 깔아주는 멍석이다. 공정한

게임의 한 줄기이다. 세상의 구석구석이 그처럼 공정하다면 살맛나지 않겠는가. 풍진 세상, 한줄기 빛은 충분히 되리라.

심사위원들의 내공을 형성한 것도 꾼들의 것과 다르지 않다. 그들인들 삶의 기복이 없었을까. 오랜 시간, 자신을 던져온 분야에서 우뚝 선 그들이다. 자신의 충실한 이념에서 발원된 노래로 일가를 이루었다. 후진들을 엄정하게 심판하고 격려하는 그들의 카리스마가 광휘로 번득인다. 가요계의 심마니다. 그들이 캐내는 산삼이 가왕이 될 것이다.

꾼은 결과에 연연하지 않고 그저 투신한다. 자신의 내부에서 솟구치는 열정과 대상에 대한 애정에 순응하여 밖으로 표출해 낼 뿐이다. 투사해야 할 리비도(libido)이다. 그런 시간 뒤에 순하게 따라오는 명리名利는 그래서 덤이고 축복일뿐.

노래뿐일까. 어느 분야든 도처에 예비의 꾼들이 포진해 있을 터이다. 현실의 눈치 보지 않고 열정을 투사한 그들의 꿈이, 홀로 아득하지 않으려면 그들을 발굴해 주는 명석이 자주 깔려야 한다. 그래서 그 꿈들이 이루어질 수 있다면 멋진 풍토 아니겠는가. 그것이 꾼들이 서식하기에 좋은 세상을 만드는 일이다. 그것이 진화된 세상이다.

겨릿소

꽃그늘 아래에서 생판 남인 사람은 없다고 한다. 후원자를 위한 우아한 목적의 공연이니 모두가 꽃그늘 아래 모여든 것과 다를 바가 없다. 초면일 것임에도 서로가 구면인 듯 인사가 오간다. 맑고 상쾌한 산자락 위의 공연장이다. 시작 전이라 관장 부부가 테이블 사이를 다니면서 인사를 한다. 우리 테이블까지 와서 악수를 건네는 그들의 이야기를 알고 있는 나는 불현듯 그것을 기록해 주고 싶어졌다.

십대 청춘의 풋풋한 감성에 벼락이 내리꽂혔다. 자석처

럼 이끌리는 서로의 느낌이 그 일의 단초가 될지 뉘 알았을까. 부유하지 않은 홀어머니의 딸과 의사 집안의 아들은 고교 서클 활동을 하면서 만났다. 우여곡절의 세월은 흐르고 그들은 부부가 되었다. 남편의 유학중에 얻은 아들이 첫돌이 되기까지는 무럭무럭 잘도 자랐고 그들의 여정도 순항하고 있었다.

인생이 그리 만만한 것이랴.

선체가 멈칫거리며 기우뚱해지더니 필경은 굉음을 내고 말았다. 아기가 열병 끝에 뇌성마비 판정을 받은 것이다. 모국에 돌아왔으나 묘수가 없어 아이를 붙잡고 사무치는 속울음과 통곡이 교차되는 시간만이 흘렀다. 아이는 정도가 아주 중증이라 나이에 따른 발육을 하지 못했고 뒤틀린 육신과 극심한 언어장애가 형벌처럼 작은 존재를 짓눌렀다. 아이에게만이랴. 부모에게 그보다 더한 통증이 어디 있을까. 백방으로 치료를 받았으나 바닥에 한번 메다꽂힌 심신은 도무지 일어서질 못했다. 고통받는 자신의 분신을 하릴없이 지켜만 보는 부모의 속절없음이란.

부모 된 자의 흉중을 가늠해 본다.

'무심한 이 아이에게 이 무슨 가혹함인가. 내 탓이다. 너무 무지하지 않았던가. 조금만 일찍 대처하였더라면. 이 아이가 자라면 무슨 말을 들려줄 것인가. 무엇이 죄가 되었을까. 죄 있다면 내가 받으리.'

통한, 회한이란 단어가 다 무슨 소용인가. 그들은 자신을 추스르기로 했다. 헤매는 자가 다 길을 잃은 것은 아니다. 지쳐가는 영혼에 채찍으로 내리치는 문득이라는 말, 남편은 문득 결심한다. 삶의 재빠르고 포악한 관성에 계속 떠밀릴 수는 없는 것이었다. 장애란 부끄러운 것이라 여겨 쉬쉬하던 때였지만 독일에서 장애에 대한 편견이 없는 것을 보아 왔던 터라 남편은 당당하게 공개에 나섰다. 작심한 듯했다. 스멀거리는 고통을 이기기 위한 방편이었을까. 굳이 밝힐 경우가 아닌 상황에서도 자백하듯 자신의 아이가 장애아라는 얘기를 서슴지 않았다. 큰아이에게 소홀해질까 어른들의 권유에도 꿈쩍 않던 동생도 낳았다. 그래서 두 아이의 터울은 크다.

그들 삶의 초고는 퇴고되기 시작했다. 친인척과 지인에게 후원자가 되어줄 것을 부탁하고 점차 그 범위를 넓혀갔다. 그렇게 모인 성금으로 작은 땅을 사둔 것이 몇 년 후 값이 올라 매각하였다. 그것을 기반으로 복지재단을 설립하고 계속 후원자를 모아 나갔다. 지금의 공연이 열리고 있는 산자락의 넓은 부지로 이사를 하고, 흐르는 시간과 함께 건물이 들어서고 운영의 내실을 다져갔다. 참담한 고통을 알기에 장애아와 그 가정을 위한 프로그램도 계속 기획하였다. 모금과 후원자를 위한 공연은 매년 열린다.

소 두 마리가 쟁기를 끌고 있다. 평화스럽고 목가적이지만 그림 속의 소는 무척 고단하다. 보여지는 것과 그 실체와의 괴리가 큰 것이 세상의 풍경이다. 비탈지고 돌이 많은 밭에서는 한 마리의 소로는 쟁기질이 어림도 없다고 한다. 소 한 마리가 쟁기를 끌면 호리, 두 마리가 끌면 겨리라 하고 그 소들을 겨릿소라고 한다.

농부 쪽에서 볼 때 오른쪽에서 겨리를 끄는 소를 안소, 왼쪽에 있는 소를 마랏소라고 한다. 마랏소는 일 잘하는 안소의 하는 양을 배우는 소이지만 두 마리 다 없어서는 안 될 존재이다.

그 부부는 겨릿소다. 소와는 달리 안소와 마랏소의 역할을 수시로 바꿔가며 삶의 쟁기질을 하였다. 마흔이 넘은 아이는 여전히 중증의 장애로 사지와 언어가 마비된 육신을 가졌지만 제 나름의 삶을 살고 있다. 남편은 대학의 총장까지 올랐고 아내는 사람 사귀기를 좋아하고 늘 잘 웃는다. 실제 복지관을 꾸려가는 이는 아내다.

시련은 쓰디쓴 것이었지만 신은 인간에게
견딜 수 있는 만큼의 시련을 준다고 한다.

"항상 날씨가 맑으면 사막이 된다."는 스페인 속담이 그들의 좌우명이 되지 않았겠는가.

철모르던 두 학생을 부부로 점지한 것은 누구의 뜻이었을까. 부부가 되어 서로에게 스며들었던 애증愛憎, 좌절과 극복이 씨줄과 날줄로 얽히며 교직됐던 반세기, 그들의 비망록에 고이 쟁여있는 통증과 인내의 기록을 훔쳐보고 싶다. 숯이 압력을 받으면 다이아몬드가 된다고 한다. 고통은 바로 숯을 다이아몬드로 바꾸는 압력이다. 고통은 우리를 보다 완전한 인간이 되도록 해주는 축복이라면 역설일까.

고통을 잘 인내하지 못하면 내 안에 있는 수많은 다이아몬드가 끝내 숯에 머물고 말 것이다. 사람 안에 얼마나 많은 다이아몬드가 때를 기다리며 밖으로 나가기를 기다리고 있을까.

갈등

글을 쓰기 전 습관적으로 메일부터 연다. 글쓰기는 어렵고 편지 읽기는 재미있어서이다. 밀려있는 편지들을 읽고, 즐기고 나면 본시의 목적은 까맣게 잊거나 시간이 많이 흘러버려 그대로 컴퓨터를 닫고 만다. 고약한 버릇이다.

읽을거리가 풍성한 지인의 메일이 예외 없이 와 있다. 주인공의 첨예한 갈등을 유발했을 동영상이었다. 오래전에 일어난 일이지만 박제되어 있지 않고 느낌이 아주 생생하다. 글로 옮기고 싶다. 마감이 임박한 터수에 새 글을 쓸 것인가. 칡과 등나무가 어지럽게 얽힌다. 갈, 등이다. 얽힘을 정리하고 결정을 내린다. 굳이 새 글을 쓰기로 한 것이다. 나중에 써도 될 것이나 낡아버린 감동은 글 속에 그리 많이 스며들지 못하기 때문이다.

두 가지 이상의 목표나 정서가 충돌되는 현상을 갈등이라 한다. 영상의 주인공이 겪었을 혼란은 가늠이 되고도 남는다. 내가 그였더라면 어찌하였을까를 생각한다.

그는 참치잡이 원양어선의 선장이다. 1년 동안의 조업 후 귀항하는 바닷길, 남중국해에서 작은 표류선을 만난다. 보트 피플이다. 패망하여 공산화된 베트남에서 그 치하를 벗어나려고 작은 배로 무작정 제 나라를 떠난 사람들이다. 나라 잃은 백성은 어미 잃은 아이보다 훨씬 처참하다. 그렇다 한들 어쩌자고 망망대해를 일엽편주로 나섰는가. 국제 미아가 된 그들을 거둬주는 사람도, 국가도 없다.

선장은 긴급한 상황을 본사에 타전하지만 '관여치 말라.'는 냉랭한 지시 한마디 뿐, 살려달라는 아우성을 뒤로하고 그들과 멀어져 간다. 얼핏 본 백여 명의 사람들, 곧 죽을지도 모른다. 양심과 회사의 지침 사이에서 그는 갈등한다. 양심은 무엇인가. 인간에게 상존하는 고유한 가치인가. 인격적 도야에 의해 진화된 결과인가. 논의가 있지만 인간에게 부여된 천부적인 정서인 건 분명하다. 결국은 명분과 실리라는 화두, 어쩌면 평생을 두고 다수가 논의해야 할 숙제를 짧은 시간 안에 풀어버린다. 그는 뱃머리를 난민 쪽으로 돌린다. 항명이 자신의 미래, 그보다 당장의 현실적 안정을 어떻게 할퀼 것인지를 모르지는 않았으리.

사흘을 굶어 기진해 있는 아흔여섯 명을 구조하여 부산에 입항하기까지 열흘간을 살뜰하게 돌보며 물길을 저어나갔다. 식량과 물은 아끼고 아껴도 결국은 바닥을 드러내면서 귀향길에 누려야 할 평안은 증발되어 버렸다.

부산항에 '부려진' 난민들은 수용소로 갔고 선장은 입항 후 해고통지를 받는다. 난민 구출을 이유로 당국에 불려가 조사까지 받는다. 1985년, 생의 이정표의 큰 획은 그렇게 그어졌다. 그 후 여러 회사에 이력서를 넣어보았지만 삼십대 후반의 혈기방장한 그를 오라는 곳은 없었다.

그는 후일 말하기를 난민 구출이 자신의 미래와 그간 쌓은 경력을 무참히 무너뜨리리라는 걸 잘 알았다고 했다. 그럼에도 어느 국가에서도 받아들이지 않는 난민들을 회사의 지시를 거스르고 구한 것이다. 스물다섯 척의 배가 외면한, 스물여섯 번째의 구출이라니 선장의 의협심에 장황한 언설은 필요하지 않다.

어디서부터 그를 칭송하기로 할까. 나는 그의 행동을 용기라는 흔한 단어로 말하고 싶지 않다. 그저, 죽어가는 사람은 살려야 하고 굶주린 사람은 먹여야 한다는 인간의 기본적인 감성에 충실했을 뿐이다. 세상일이란 모든 기초적인 것이 종내는 궁극에 이르지 않던가. 그 기본들을 지킨다는 것이 얼마나 어려운 것인지 나이 들어 갈수록 통렬하게 느낀다. 구호만 요란한 인권주의자들이 무슨 소용인가. 입 다문 사내의 묵묵한 행동, 귀감이 되었다. 그의 생각에, 언행에 어떤 장신구도 없다.

아무도 내일을 살아본 사람은 없다. 그 내일들이 그를 힘겹게 했다. 양심과 명분에 바탕을 두고 내린 의로우나 외로운 결행은 그를 무참히 바닥에 내동댕이쳤다. 선장들의 꿈인 고액 연봉의 도선사가 되었을지도 모를 그가 어렵사리 멍게 양식을 하며 삶을 꾸려갔다. 한 번쯤의 회한은 그를 휘몰아치지 않았을까. 그 생각을 하는 나는 그의 의로움에 흠집을 내는 사람인가. 너무 속된가. 그 자신보다는 그런 가장을 인내해야 했던 가족을 생각하면 안쓰럽다. 이타의 결정을 내린 아버지를, 남편을 자랑스럽게 생각하고 파생된 모든 것을 흔쾌히 감내하는 가족이었기를 바랄 뿐.

선장만의 일이라면 감동은 반쪽이다. 반전의 이어짐이 삶이 아닌가.

난민들은 수용소에서 일 년여를 보낸 후 기회의 땅 미국으로 간다. 시간은 흐르고 안정된 생활을 그들은 쟁취한다. 대표였던 피터누엔을 앞장세워 은인의 행방을 찾아나섰고 헤어진 지 17년 만에 연락이 닿는다. 난민들의 안녕과 자신의 불행을 바꿔버린 은인의 근황을 알게 된 후의 미안함과 고마움이란 필설로 형용되는 것이 아니었다. 연락이 닿고 다시 흐른 이 년, 열아홉해 만에 누엔은 선장을 영접하러 공항에 서있다. 늙고 초췌한 선장이지만 한눈에 알아보았다.

시간은 부식성을 갖지만 선장에 대한 기억은 늘 새것으로 반짝였다. 은혜를 망실의 강으로 흘려보내지 않았던 것이다. 달려 나가 부둥켜안은 사내들의 포옹, 왜 몸이 부서질 만큼 힘찬지 그 의미를 생각한다. 잠시 내 눈자위가 붉어졌다.

조우했던 스물다섯 척의 배가 그들을 외면했다. 탈진하여 죽음이 스멀거리며 문지방을 넘어올 때 그들을 구해준 이가 전재용 선장이다. 그들에게 선장은 죽어야 잊히는 사람이었다. 비트겐슈타인은 "세상은 사물들의 총체가 아니라 사실들의 총체다."라고 했다. 난민들은 그를 유엔 난센상에 추천을 했다.

삶은 통증과 슬픔,
기쁨을 탑재하고 온다.
어우렁더우렁,
그리하여 아름다워지는 것이 삶이다.

제4부

탈피

탈피

큰 사찰의 암자에 올랐다가 내려가는 길이다. 산길은 비탈에 얹힌 채 길게 이어져 있다. 휘적휘적 걸어가다 화들짝 놀란다. 뱀이다.

최초의 인간을 에덴동산에서 쫓겨나도록 꼬드긴 죄는 차지하고 징그러운 외양만으로도 피하고 싶은 대상이다. 길섶 바위 밑에 웅크린 뱀은 본시 작은 종류가 아니라면 아직은 몸피가 자라고 있는 중이다. 언젠가 읽었던 뱀의 허물벗기가 불현듯 떠올랐다.

성장 과정에서, 뱀은 몸은 자라지만 껍질은 자라지 않

기 때문에 탈피를 해야 한다. 허물을 벗어야 할 때가 오면 며칠간 쉬지 않고 나무나 돌에 몸을 비비고 다녀야 겨우 껍질을 벗는다. 그렇다고 모든 뱀이 다 성공하는 것도 아니다. 제때 외피를 벗지 못하면 죽음에 이른다고 한다. 이 녀석은 어른이 되기 위해 몇 번의 허물벗기를 해야 할까. 그럴 때마다 성공을 하기나 할까.

인간의 마음의 허물벗기가 뱀의 탈피에 비유될 수 있겠다.

몇 년 전, 한 유명 탤런트가 세상을 등져 화제는 온통 그에게로 집중되었었다. 선하게 웃던 그의 모습이 눈에 선연하다. 웃던 눈이 감겨져서 세상의 모든 것이 보이지 않기까지 그의 육신은 얼마나 고통스러웠을까. 자신이 자신을 죽여야만 했던 연유가 무엇이었는지 알 수는 없으나 좁은 차 안에서 홀로 스러져 갔을 청년의 영혼 또한 가엽기 그지없다. 죽음에 이를 만큼 그렇게도 자욱하게 그를 에워싸고 있던 생각의 정체는 어디에서 연유한 것일까. 어지러운 사념의 편린들이 무수히 모여 그 자신도 어쩌지 못하는, 미혹에서 오는 망상을 갖게 된 것이 아니겠는가. 그 길밖에는 없었을까. 말로써, 지혜로써 인공호흡을 해줄 이는 없었는가. 그는 가고 없지만 남겨진 아내의 고통, 소환하지 않아도 수시로 불려나올 그와의 기억은 어쩔 것인가. 젊은 부부의 통증이 너무 묵직하다. 그리고 생각한다.

타인의 고통은 객관적인 계량이 불가능하여 함부로 말할 수는 없다. 그럼에도 나에게 그 불행에 대한 판정이 허락된다면 무어라 말할까.

나이테는 한 해의 햇빛의 양을 기억할 것이다. 나무가 만들어가는 나이테의 이목구비는 햇살, 그러므로 생육조건과 관련이 깊다. 인간이 생의 말미에 이르러 나이테를 일별해 볼 때 햇빛의 양이 많았을 때, 즉 행복했던 시절의 나이테는 널찍할 것이고, 엄혹한 음지의 시절로 기억되는 곳은 좁디좁을 것이다. 인생은 그렇게 행복과 불행이 교차, 편집된다. 끝말 이어가듯 아슬한 삶이지만 그렇게라도 이어갔더라면 삶의 맷집이라는 게 생기지 않았겠는가. 맷집을 키운 후에 만난 통증은, 맞설 힘도 있으려니와 대단한 아픔으로 여겨지지 않을는지도 모른다. 우리는 삶에 아부하며 살 수밖에는 없다. 아부엔진이 항상 작동되도록 예열해 놓아야 하지 않을까.

그가 제 위치와 나이에 조응하는 생각의 외피로 갈아입지 못했던 탓이리라. 커진 삶에 맞는 외피로 갈아입었어야 했다. 번민의 가짓수는 커졌는데 그것을 수용할 껍질의 크기는 작은 채로 남아있었던 까닭이다. 청년은 이미 맞지 않는 유아적 마음의 껍질을 벗어던졌어야 했다. 그런 탈피가 있었더라면 그렇게 자멸해 가지는 않았을 것이다. 탈피란 낡거나 익숙한 습관, 사고방식 따위에서 벗어나 새로운 방향으로 나아가는 것을 말한다.

쉽지는 않겠으나 인간이 살면서 때맞춘 외피로 갈아입을 줄 아는 것은 자신을 잘 경영하기 위한 특별한 삶의 기술이다. 외피는 앎과 지혜와 인내의 다른 표현이다. 제때 일어나는 탈피는 인생행로에서 쥐게 되는 두둑한 여행경비이다.

나는 인간의 오욕칠정에 천착한다. 세상을 이어왔고, 이어갈 인간의 역사는 그것에서 발원하기 때문이다. 인간을 구성하는 욕망과 감정은 사람을 일으키기도, 몰락하게도 한다. 그것은 개인사를 만들고, 주요한 개인사는 집적되어 역사를 창출한다.

욕망이나 감정은 잘 어르고 달래면 발전적 요소가 되지만 그것에 지면 전쟁에 진 패장이나 다름없다. 오욕칠정을 삶의 마디마다 맞게 다스릴 수 있다면, 걸맞은 외피로 갈아입을 수 있다면 삶의 저항계수를 줄일 수 있지 않으랴. 배의 운항은 물에 대한 저항을 덜 받을수록 순항한다.

지인의 딸은 재색을 겸비한 사십대 후반으로 미혼인 듯, 비非혼인 듯 살고 있다. 배우자의 기준을 너무 높인 까닭이다. 홀로 존재하다가 저녁노을처럼 까무룩 사라지려는가. 해도 후회, 안 해도 후회라는 결혼이지만 하는 것이 좋지 않았겠는가. 어느 시점에선가 적절한 껍질 벗기, 인식의 전환을 했어야 하지 않았을까.

타인에게로 향했던 화살은 필경은 자신에게로 돌아온다. 스스로에게 묻는다. 당신은 어떠한가. 생의 마디마다 허물벗기를 잘하였는가. 지난 것에 대한 뒤늦은 깨우침이라 하여 아무짝에도 쓸모없는 것만은 아니어서 암호를 푸는 즐거움을 얻는다.

나의 탈피는 결코 후한 점수를 얻지 못한다. 저조한 성적에 머물고 만 것은 인식의 지평이 넓어지지 않았던 까닭이다. 그것으로 하여 인식의 전환도 제때 이루어지지 못했다. 역부족이었는지 노력조차 하지 않았는지는 굳이 가늠하고 싶지 않다. 도수가 맞지 않는 안경을 낀 채 세상과 마주한 셈이었다. 풀어보는 인생의 암호란 그런 것이었다.

애당초 에움길로 설계된 사람살이를 곧은 길 가까이로 데려다주는 것이 탈피이다.

그것은 그저 되는 것이 아니라
바깥세상과의 교통으로부터 오는
'앎' 에서 비롯된다.

앎이라는 단어의 함의가 현학적인 것만은 결코 아니다.

노도에서

가멸찬 눈요기의 초록 융단이 펼쳐있다. 그것은 경작할 한 뙈기의 땅조차 없었던 마을 사람들의 척박하고 애련한 삶이 만들어낸 작품이다.

45도로 경사진 산자락 위다. 인간의 몸의 일부인지, 기계인지 구분이 안 되는 '손' 으로 석축을 쌓은 후 흙을 쟁여 만든 땅을 덧대고 이어서 층층의 아름다운 논을 만들었다. 정교하게 조각이불처럼 붙여 나간 칠백 여 개의 논배미를 산의 등뼈에다 수놓은, 인간이 만든 절묘한 수공예품의 집적이다. 그것이 남해섬의 다랑이마을이다. 지금은 훌륭한 관광자원이 되었으니 세월이 만들어낸 아이러니다. 흐르는 세월이 만드는 반전이 어디 그곳뿐이랴.

그 산에서 내려다보는 나의 시선에 깊숙한 앵강만이 한눈에 들어오고 서포 김만중의 마지막 유배지인 노도가 아늑하게 내려다보인다. 아늑하다는 단어를 써도 될까. 유배객의 한이 서린 그곳을.

노도는 한국 고전소설의 대표작가, 조선의 지성 김만중 선생이 56세를 일기로 생을 마감한 곳이다. 그의 유배 길은 당시 한양에서 남해 섬까지의 천릿길이다. 그 먼 길을 와서 다시 바다를 건너는 뱃길이 돌덩이 같은 한의 무게로 얼마나 무거웠으랴. 유배지의 누옥에 당도한 후 가슴의 한기를 어찌하였을꼬. 육신보다 정신적 격리감이 겨울의 삭풍보다 더 추웠으리라. 구태여 섬이어야 했을까. 물이 인간에게 주는 격리감은 육지보다 훨씬 강렬하다. 격리의 외로움과 고통에 더하여 꿈에도 잊지 못하는 어머니를 유배 중에 여의고, 멀리서 애통해만 할 뿐 속울음마저 삼켜야 했을 그 정황이 눈물겹다.

김만중은 병자호란의 참상 속에서 아버지가 순절하여

피난 가던 배 위에서 유복자로 태어났다. 피난길의 아수라에서 태어나는 새 생명이나, 출산을 하는 모성이나 인간의 강인함과 장엄한 생존 능력으로 우리를 전율케 한다. 그의 탄생이라는 지렛대가 들어올린 국문학의 성과는 얼마나 큰 것인가. 문득 생각한다. 역사의 물굽이는 새옹지마의 필연으로 뒤척인다는 것을.

명문 사대부 가문이라 하나 아비 없는 아이를 위해 윤씨 부인은 엄한 훈육으로 아들, 만중을 길렀다. 그에게는 아버지이며 어머니, 스승이었다. 그런 어머니의 임종을 지키지 못하였으니 그 한이 오죽하였으랴. 비수로 내리긋듯 가슴에 예리한 자상을 남긴 채 모자는 삶의 경계의 이쪽저쪽으로 나뉘어졌다. 죽은 자에 대한 애절한 정은 다시는 볼 수가 없다는 것이다. 영원한 결별은 얼마나 캄캄한 것이냐. 유배생활 10개월 만의 일이다.

'연표' 라고 표기되는 역사적 사실은 역사의 뼈대일 뿐, 연표의 행간에서 역사의 근육을 완성하는 것은 개개인과 그 주변의 정황이다. 그것을 우리가 다 확인할 길은 없다. 구전되고 추정될 뿐. 그의 고통과 슬픔을 상상하면 가슴이 저릿해진다. 그러나 유배는 그를 풍화시키지 않고 주옥같은 작품을 남기게 하였다. 생의 말미에 대는 아름다운 끝동이 아니랴. 세 번째의 유배지인 노도, 그 섬에서 「구운몽」, 「사씨남정기」, 「정경부인 윤씨행장」을 쓰고 생이 저물고 말았다. 그의 사상과 문학관이 담겨있고 조선조 문학비평의 고전으로 평가받고 있는 「서포만필」을 함께 남겼다.

그가 유배 길에 자주 오른 것은 그의 가문이 서인의 기반 위에 있었기 때문이다. 붕당朋黨이란 조선 중기 이후 특정한 학문적, 정치적 입장을 공유하는 양반들이 모여 구성한 집단으로 현대의 정당정치와 비슷하지만 다른 것은 학문적 유대를 공유했다는 점이다. 학문하는 그들이 처음부터 파벌로 대립하였겠는가. 역사에서 만나는 현인들, 대문장가, 탁월한 정치가들이 파당에 속해 있었음을 알고 나면 위대한 인물이라 할지라도 인간이라는 종種의 속성에서 자유롭지 못하다는 것을 느낀다. 누구인들 그 속성의 족쇄에서 벗어날 수 있겠는가.

역사란 인간의 오욕칠정이 만들어내는 삶의 궤적들이

다. 인간이 집단으로 연출하는 드라마다. 권력의 축이 이동해 가면서 힘의 수레바퀴에 치여 죽은 자가 얼마인가.

강직한 성품으로 역린逆鱗에 닿았다. 임금의 노여움에 이른 것이다. 서인의 세력에 기반을 두었다고는 하나 김만중은 선두에 나선 것도, 자신의 이익을 취하려는 것도 아니었다. 당쟁보다는 인도주의적 견지에서 직언을 한 것이었으나 이미 서인의 계열이면 그것은 관성으로 작용한다. 자신이 원하지 않아도 서인이면 그 영향권을 벗어나지 못하는 것이다. 사람의 운명의 씨앗은 누구든 자신도 모르는 사이에 파종되어 자란다.

군왕도, 서포 선생도, 당쟁의 피해자도 가해자도, 모두 사람의 무리 속에서 한생을 호흡하다가 갔다. 그들의 궤적을 모두 따라가 볼 수는 없지만 뚜렷하게 남아있는 것은 김만중의 문학이다. 그것은 자체 방부성을 가져 소멸되지 않는다. 떠난 지 삼백 년이 넘었지만 그가 남긴 문학의 봉우리는 국문학의 산맥에 우뚝 솟아있다.

서포의 유허지에는 그가 팠다는 샘에서 아직도 물이 솟아오른다. 그의 염원이었는지 노도에 '김만중 문학관' 이

건립된다고 한다.

노도에서, 세상에 헌혈하듯 그는 작품을 썼고 후대는 선대의 후광에 그냥 빛지지 않는다. 예우로써 보답한다. 삶은 그렇게 합창이다. 그 옛날 외롭고 쓸쓸하던 작은 섬은 이제 풍성한 사람의 발자국으로 뒤덮일 것이다.

문학과 섬, 두 단어의 만남이 이룩하는 낭만적 분위기가 가슴을 설레게 한다.

섬이 꿈꾼다,
문학이 꿈꾼다.
문학의 섬에서 우리가 꿈꿀 것이다.

졸혼

산을 함께 오르던 지인이 느닷없이 졸혼을 하고 싶다고 했다. 그는 부부 간에 큰 문제없이 조롱박 같은 아이 넷을 키워 짝을 지워주고 부부 둘이서만 살고 있다. 말 그대로 학교를 졸업하듯 결혼을 졸업하자는 것이다. 일본에서는 이 풍속이 성행을 한다는데 우리나라는 어떨까. 정착은 아니어도 호응이라도 얻을 것인가.

나이 든 부부가 이혼하지 않으면서도 각자 자신의 삶을 즐기며 자유롭게 사는 생활방식이다. 그 용어는 일본 작가 스기야마 유미코가 『졸혼을 권함』이라는 책을 저술하면서 시작됐다. 차마 이혼은 못하지만 빙하기가 계속되는 경우, 그렇지는 않으나 더 세련된 결혼생활의 형태로서 각자 삶의 지향을 존중하려는 경우에 시도해 볼 만한 방식이다. 부부라는 관계의 본질은 유지하되 서로의 고유한 의무에서는 벗어나자는 것이다. 더 나은 삶에 대한 희망을 질료로 졸혼은 시작된다. 졸혼을 한다면 공통의 분모는 별거이지만 그 위에서 연출되는 삶의 형태는 부부마다 각기 다를 것이다. 별거를 이어가는 서로간의 합의나 조건이 부부마다 조금씩 차이를 보일 것이라는 얘기이다.

졸혼은 쉬운 듯 쉽지 않다. 각자 개성이 강하고 생에 대한 뚜렷한 목표가 있을 때 시도해볼 만은 하지만 실행에 옮긴다는 것은 웬만해선 어렵다. 예의 그 여성처럼 양육의 큰 의무를 마치고 결혼의 속박으로부터 벗어나 보려는 마음은 가득하나 오늘, 내일 하면서 시간만 흘려보내기 십상이다. 오랜 세월 인생의 중심과녁을 관통해온 결혼에 대한 인식을 바꾸는 것은 결코 가벼운 일이 아니다. 선대에서 파종되어온 개념의 새로운 정립이 쉽지 않다는 말이다.

단언컨대 그 여성은 졸혼을 원하면서도 단행하지는 못할 것이다. 안하는 게 아니다. 고희에 턱걸이한 여인이 자신의 실존적 의미를 깨닫긴 하지만 가슴에 문신으로 새겨져 있을 전통적인 관념으로부터 자유롭지는 못하기 때문이다. 결혼생활에 대한 남녀의 고유한 의무, 즉 누가 고정시켜 놓은 것은 아니지만 오랜 세월 인류에게 주입되어 왔던 인식이 작동한다.

늘그막에 아내와 따로 살게 되는 남성은 비극까지는 아니더라도 그 곤혹스러움이 가늠이 된다. 그들이 만년의 삶을 아내와 별거 형태로 살아가는 것을 흔쾌히 받아들일까. 특별한 경우이긴 하나 꽤 유명한 칠십대의 남자 배우는 자신이 먼저 제안하여 졸혼을 하였다. 아내는 물론 딸과도 멀어졌지만 아직 수입이 있는 그는 쌍둥이 친손자를 위해서는 양육비를 주고 있고 무엇보다 '혼밥' 해결을 위해 요리를 배우러 다닌다고 했다.

무슨 옹색함인가. 물론 요리에 취미가 있어서 새 분야에 대한 도전이라고 한다면 할 말이 없다. 인간은 대저 단맛의 유혹에 길들여져 있다. 쉽고 편한 것에 익숙해져 있다는 것이다. 하지 않아도 되었던 취사와 세탁은 무척 불편한 일이 아니겠는가. 우아한 노비였던 그의 손은 무수리가 되어 있을 터이다. 아내에게 의존했던 편한 단맛에서 스스로 밀려나 쓴맛의 궁상을 떠는 셈이다. 어쩌면 후회가 밀물처럼 몰려왔을지도 모를 일이다. 그렇듯 이상과 현실은 대체로 길항한다.

부부가 졸혼에 이른다면 남성의 그 곤혹함보다 먼저 오는 것이 있다. 여성의 가슴과 머리에 낭자한 '주저흔'이다. 부부간 합의에 이르렀다 할지라도 아내의 주저와 망설임이 왜 없을 것인가. 여인의 가슴에 상존하는 모성애가 땅이 융기하듯 올라올 터이다. 각자의 삶을 즐기는 것은 차치하고 가장 원초적 문제가 먼저 대두된다. 의, 식, 즉 먹고 입는 것의 토대가 존재해야만 차후의 무엇이라도 도모할 것이 아닌가. 그것을 염려해주는 것은 아내의, 아니 여성의 근원적 모성이다.

위의 진술은 졸혼을 하려는 쪽이 거의 아내라는 것을

전제로 한다. 결혼생활은 대체로 여성의 희생이 많아 그 결혼의 속박에서 벗어나려는 욕구가 아내 쪽이 더 강할 것이라고 생각하기 때문이다. 앞서 언급한 남성배우를 제외하면 남편이 먼저 제의하는 경우는 드물지 않을까. 남편이 먼저 주장하지는 않을 것이고, 또 아내 쪽에서 원하더라도 모성적 망설임이 있다. 그런 논리라면 졸혼이란 우리 주변에선 이미 정착될 수 없는 개념이다. 용어는 존재하나 성행할 조짐은 보이지 않는다. 부부간에 서로가 사랑스럽기만 한 존재일까. 불편함을 감수하고 그냥 사는 것이다. 감수甘受는 책망이나 괴로움 따위를 달갑게 받아들이는 것을 말한다. 감수지수라는 것이 있다면 여성 쪽이 훨씬 높지 않겠는가.

파경에 이를 만한 상황이라면 차라리 깨끗하게 이혼을 하는 것이 옳다. 그 정황이 아니라면 구태여 각자의 벙커를 가져야 할 것인가. 인생의 황혼에 이른 즈음에 각자 지향해야 할 가치가 얼마나 될까. 많다고 하더라도 굳이 따로 살아야만 추구할 수 있고 쾌적한 삶이 영위되는 것이랴. 한 지붕 아래서도 얼마든지 각기 다른 모양의 삶이 추구될 수 있다. 각자 서로를 인정한다면.

부부가 일생을 통해 함께 쟁취한 전리품이 인생통장의 현실적 잔고이다. 거기에다 애정과 연민이라는 서로의 두레박을 드리워주는 게 만년의 삶이 아니겠는가. 그 전리품을 공통의 분모로 삼아 부부 각기의 삶을 꾸리면 될 일이다.

카잔차키스는 작중인물 조르바를 통해
삶은 종신형이라고 했다.
결혼생활도 다를 것이 없지 않은가.

유배

내 어깨에 날개가 돋아 훠이훠이 하늘을 날고 있다. 저 밑을 내려다본다. 한 가정의 저녁식탁이 보이고 그들의 행복한 풍경이 보인다. 성실한 아비, 자애로운 어미 슬하에서 잘 자라고 있는 아이들의 모습이다. 가만히 보니 낯익은 얼굴들이다. 아, 젊은 날의 나와 아이들이 아닌가. 내게, 아니 누구에게도 허락되었을 소박한 행복이다. 이제는 멀리 가버린 소소한 기쁨들이다. 꿈에서 깨고 싶지 않지만 혼미하던 의식이 조금씩 돌아와 이제 나는 꿈결에서 깨어날 것이다.

내가 맞닥뜨린 현실은 어떠했을까. 행복한 꿈과는 달리 적어도 나의 기준으로는 참담한 장소였다. 노인병원이었다. 병원으로 모시겠다는 아이들의 청원을 완강하게 거부해 왔던 터라 놀라지는 않았으나 참으로 슬펐다. 잠시 수면 마취를 당한 채 이곳까지 실려 왔던 것이다. 잠이 채 덜 깬 상태로 아이들을 보았다. 어른이 되어 이미 늙어가고 있는 그들의 얼굴 위로 꿈에서 보았던 사랑스런 아이들의 모습이 겹쳐진다. 내 슬하의 귀엽던 아이들이 저마다 바쁜 생활인이 되어 치매가 시작된 어미를 감당하지 못하고 병원으로 옮긴 것이다. 그들에게 무슨 죄가 있으랴. 그렇게 용인함에도 내 가슴에는 서걱거리는 모래바람이 인다. 세상의 그 어떤 기쁨도 지금의 내 육신을 통과하면 슬픔이 될 뿐.

그 노인의 심경이 그러하리라 유추한다.

지인은 어머니를 병원에 모셨다. 화를 턱없이 과도하게 내는 것이 이상하여 진단을 받으니 치매로 판명되었고, 조금씩 진행되어 가는 '병'과 '엄마'를 감당하지 못해 임원을 시킨 것이다. 어머니를 만나고 오는 날은 마음이 납

덩이처럼 무겁다고 했다. 비애가 온몸을 휘감는다고도 했다. 몇 해가 되었으니 이젠 서로 묻지도, 답하지도 않는다. 이젠 위중한 병이 아니어도 부모를 병원으로 보내는 것은 예삿일이 되고 있다.

한국인의 기존 인식 체계에서는 이런 상황은 불효다. 그러나 시대가 변하면서 사람들의 생각이 바뀌고 그 바뀐 생각들이 사회적 현상을 만든다. 그 현상은 또 개개인에게 작용하여 옛적에는 금기였던 것이 당연한 것으로 받아들여지기도 한다. 고정관념의 굳은살은 그렇게 서서히 벗겨져 나가는 것이다. '우리들의 인식'이라는 말에서, 그 우리라는 집합명사에 편입되어 숨으면서 양심의 소리에는 점차 귀를 닫게 된다. 부모를 요양병원에 맡기는 것이 지금 세태에는 불효도 아니니다. 그럴까.

며칠 전 들은 소식은 구십팔 세 노인의 이야기였다. 그 소문은 수년 전 바람결에 들려왔지만 긴가민가했다. 그는 왕년의 대배우였다. 별 중의별이었지만 그의 삶은 파란만장하여 영화보다 더 극적이었다. 나에게는 '사랑방 손님과 어머니' 란 영화에서 어린 딸을 가진 청상의 여인으로 강렬하게 남아있다. 그 서늘한 미모 때문에 납치까지 당한 여인이었다. 한국인이라면 누구나 아는 사건이다.

그 스타가 지금 경기도의 한 요양병원에서 떠날 날만 조용히 기다리고 있다고 한다. 그에게는 다 파먹은 김장독처럼 남은 것이 없다. 재물도, 자식도. 제 자식도 부모를 병원에 맡기는데 입양한 자식임에랴. 때때로 인간의 기억이란 얼마나 거추장스러운 두뇌작용인가. 너무 아름다워 되레 괴로운, 많은 추억들이 아직도 그에게 남아 삭제를 기다리고 있을 터이다. 역사는 예언하지 않는다고 한다. 그러하기로는 인생도 마찬가지이다.

인생은 예언하지 않는다. 내 이리 될 줄 어찌 알았겠는가. 화려하던 지난날을 되돌아보는 그의 한탄이 들려오는 듯하여 진한 페이소스를 느낀다.

몇 해 전, 노인병원을 둘러볼 기회가 있었다. 선배 문인의 소식을 듣고서였다. 방을 가득 메운 노인들의 표정은 하나같이 무표정해서 그들의 입에서 말이 만들어지리라는 생각은 할 수가 없었다. 생명을 유지하기 위한 음식물의 통로로만 여겨졌을 뿐, 그저 인형 같은 존재들이었다. 저마다 서술될 이야기가 두루 있을 터인데, 그들의 가슴에 사막 하나 들어앉아 있을 터인데, 그것을 토해낼 그들의 오므려진 입은 벌어지지 않았다. 까무룩 잠이 들었는지 잠시 기다렸지만 그분께 인사드릴 기회는 얻지 못했다. 소액의 정성만 봉투에 담긴 채 사무실에 맡겨졌고 이튿날 그분의 자녀로부터 감사의 전화를 받았다.

'유배' 된 그들에게 가장 견디기 힘든 고통은 외로움이 아니겠는가. 두런두런 말할 상대가 없다는 것, 그것도 내밀하게 오고 갈 말들을.

사람은 단명하지 않으면 모두 노인이 된다. 노령에서 죽음으로 가는 그 구간에 인생의 방점이 찍혀야 할 것인데 준비는 대체로 없다. 그저 막연하게 나이 들어가고 있는 게 아닐까. 골무는 바늘에 찔리지 않는 장치이다. 유배라는 바늘에 찔리지 않으려면 건강과 재물이라는 골무를 단단한 것으로 예비해 두는 수밖에는 없다.

유배는 인생의 경착륙이다.

삶의 자초지종

여섯 명이 전부다. 외국으로, 타 지역으로 이주했고 한 사람은 고인이 된 까닭이다. 한 명이라도 불참하면 이 빠진 그릇처럼 금세 눈에 띈다. 다음 모임에도 빠지지 말 것을 서로 당부하며 헤어지곤 한다.

그런 터에 몇 달을 불참하던 지인의 탈퇴 전언이 왔다. 오래전 서준 보증이 잘못되어 요지의 건물과 주택이 허공에 흩어지고 그의 삶은 나락으로 떨어졌다는 것이 그와 각별했던 전령사의 소식이다. 말로만 듣던 잘못된 '보증' 이 아주 가까이 있었다. 하느님이 치매가 왔거나 시력이 난장판이 된 게 아닌가. 사람을 그렇게 못 알아보다니. 인생이 아무리 쌓은 업業대로 딸 수 있는 과일이 아니더라도 그가 그런 곤경에 빠졌다는 것은 너무나 억울한 일이다.

그는 신실한 크리스천이다. 호스피스 병동에서 오래 봉사하여 그의 품에서 평화롭게 영면에 든 환자가 셀 수도 없고 유머 감각이 뛰어나 좌중을 즐겁게 한다. 사람에 대한 섬세한 애정이 세포마다 스며있다. 타인을 배려하는 무장해제형 인간이다. 그런 그가 허름한 셋방으로 옮기고 생계를 위해 다단계의 생활용품 판매원으로 나섰다고 하니 하늘에 대고 삿대질이라도 해야 되지 않겠는가.

그가 누구를 위하여 어떤 경위로 보증을 서주었는지는 모르나 문득, 여러 복잡한 기능이 있는 성능 좋은 전자제품을 생각했다. 정밀한 여러 기능이 내장된 섬세한 제품은 기본 기능만 있는 단순한 제품보다 고장이 나기 쉽다. 풍부한 감성으로 인간에 대한 진한 애정을 가진 '성능 좋은' 그가 부탁에 흔들리기 십상이었을 것이다. 단순한 기능만이 있어 탈이 잘 나지 않는 기계처럼 오직 제 것만 챙기는 단순무지형의 뱃심있는 인간형은 주변의 어려움에 꿈쩍도 하지 않는다. 세상 살기가 상대적으로 편한 것이다. 기능이 많은 기계가 단순한 기기보다 탈이 나기 쉬운 이치와도 같다. 그렇게 세상은 악화가 양화를 구축한다. 그러나 일견 그럴 뿐, 세상사의 물결은 일탈하는 물꼬를 언젠가는 바로 돌리곤 해왔다.

그가 보증을 즐거운 마음으로 서주었을까. 그도 사람인지라 일말의 불안이 왜 없었을 것인가. 혹시 생길지 모를 불이익보다 인간에 대한 애정이 더 강하게 작용하지 않았겠는가. 사람을 도와주려다가 당한 봉변이다. 세상은 의리로만 엮여 나가지 않는다. 인간이 만드는 수많은 서사가 역사를 만든다. 그중 남의 불행을 외면하지 않아 당한 고통 중 최대 사건의 주인공은 사마천이 아닌가 한다.

그는 치욕적인 궁형을 당하였다. 자신의 잘못이 아니라 이릉이라는 장수를 도와주려던 것이었다. 이릉은 절대 열세의 병력과 지원군이 없는 상황에서 중과부적으로 적에게 투항하고 말았다. 모든 대신들의 주장과는 달리 사마천은 자신의 양심에 따라 투항을 객관적으로 판단한 자신의 소신을 직언하고 그의 억울함을 변호한 것이 한 무제를 격노케 하였다. 참형의 명을 받은 그가 살아날 수 있는 길은 두 가지로 돈과 궁형이었는데 가난한 선비인 그는 거금의 벌금 대신 선비로서 가장 치욕적인 거세를 당하는 형벌을 택한 것이다. 그는 자신이 죽는 것은 구우일모九牛一毛라, 아홉 마리의 소가 갖고 있는 털 중의 하나를 뽑는 것처럼 큰 의미가 없다고 하였다. 그러니 구차하게라도 생을 버티어 아직 초고도 마치지 못한 책의 저술을 결연히 해낼 것을 작심한다. 절대 역사서, 인간학의 교본인 『사기史記』는 그렇게 탄생하였다.

위대한 인물을 역사에서 차용하여 장삼이사인 지인의 분노와 모멸감을 설명하려 드는 나의 비약이 과하다는 생각을 한다. 그러나 몇 해 전 겪었던 자신의 억울했던 경험이 지인의 경우와 중첩되면서 그의 통증이 몸 전체로 전해진다. 자신의 고통인 듯 아프다. 늙은 시인처럼 무엇으로라도 달래주고 싶은 것이다. 통증에 억울함이 덧칠되면 그 아픔의 강도는 배가 된다. 선의가 무참하게 왜곡

되는 것에 비견되는 고통도 없을 듯하다.

위인이라고 아픔마저 희석시킬 능력은 없다. 사실, 사마천도 사명감으로 집필을 하면서도 선비에게 죽음보다 못한 거세의 형벌이 너무 치욕스러워 몇 번이나 자결을 생각했다고 전해진다. 그럼에도 엄혹한 세월을 견디며 불후의 명저, 인류의 유산이 되어버린『사기史記』를 완성하였다.

인생의 지도에는 미리 읽어볼 수 있는 지명은 없다. 길을 안내하는 이정표가 없는 것이다. 복병처럼 엎드린 험준한 지형은 더욱 그러하다. 산다는 것은 견디는 것과 궁극적으로는 동의어다. 삶의 통증, 슬픔과 기쁨은 순서 없이 온다. 장년에 이르러 졸지에 둥지를 잃어버린 그가 몹시 아프지만 그것들을 탑재하고 오는 삶을 어르고 달래어 다음 순서를 기쁨으로 만들어 내리라 믿는다.

먼저 핀 꽃들이 힘없이 떨어질 때 보란 듯 피어나는 '나중에 피는 꽃'이 되리. 삶의 자초지종이란 그런 것이니.

파한 뿌리

소문은 웃자라 무성하였다. 너울거리며 돌아다니던 파경 소식은 사실인지 아닌지 안개처럼 모호했다.

그땐 그랬다. 파경은 요즘처럼 다반사도 아니었고, 그에 대한 사람들의 인식도 너그럽지 못했다. 십 년 전에 결혼해서 미국으로 간 친구의 딸이 남편과 헤어졌다는 말을 누군가가 했다. 모임에 드문드문 참석하다가 종내는 소식을 끊고 만 친구였다. 풍문은 사실이었던 것이다.

산책을 나가서 만나는 나무들이 처음 본 것처럼 생경하다. 그것들은 오랜 세월 거기 서있었을 것이나 바삐 지나치는 나의 눈에는 보이지 않았던 것이다. 천천히 걸으니 나무들의 언어도 들린다. 툭하고 나선형을 그리며 몰래 떨어지던 낙엽이 내 시선에 들켰다. 가랑잎은 계면쩍은 듯 얼굴이 붉다. 가을의 고요함 속에서는 다 보이고 다 들린다. 나무들을 깨워 꽃 피우고, 열매 맺게 하던 햇살의 훈수마저 들린다. 햇살은 봄, 여름내 나무에 내려앉고, 산들바람도 지나갔으리라. 고즈넉한 가을은 그렇게 심안으로 세상을 보게 한다. 자신이 받은 것은 아니지만 가을이 준 어떤 선물을 기억한다.

오래 적조했던 그 친구에게 필히 연락을 할 일이 생긴 것은 지난가을이었다. 통화가 되리라는 기대는 애당초 하지 않은 채 낡은 수첩에 남아있던 번호로 전화를 하였다. 뜻밖이었다. 남편이 받아서 지금 딸네 집에 있다고 친절하게 안내를 해주었다. 연락이 닿지 않으면 어찌할 도리가 없다는 생각이었는데 웬 횡재인가. 전선을 타고 들려오는 그의 목소리는 밝았고 손자를 돌봐주러 딸네 집에 와 있다고 했다. 딸만 둘인 그다. 바람결에 간간이 들리는 소문에는 막내가 아직 미혼이라는데 큰아이가 재결

합을 한 것일까. 아니면 새로운 상대라도 만난 것일까. 독심술이라도 있는 것인지, 그는 딸이 재결합을 해서 가정을 잘 꾸리고 있다는 묻지도 않은 말을 했다.

결별 후 몇 해 동안 남남으로 살던 그의 딸이 마음을 연 것은 남편의 무능과 여타의 단점을 상쇄할 수 있는 결정적 강점 하나 때문이었다는 것이다. 그것은 초지일관으로 상대를 관통하는 '한결같음'이었다.

가을은 그들이 결혼했던 계절이다. 남남이 되었음에도 가을마다 특별한 의미가 부여되었고 둘만의 각종 기념일은 잊히지 않고 지켜졌다. 모든 아름다운 기억들은 소환되었다. 물론 남자의 일방적인 정성으로 진행된 일들이었다. 몇 해가 지난 가을, 그녀는 옹이진 마음의 빗장을 열어 주었다. 가을의 고적함과 청량함이 물꼬를 트지 않았겠는가만 젊은 여인의 마음을 움직인 것은 '파 한 뿌리'였다. 남편의 성향 중에서 그것 하나만큼은 다른 단점을 온전히 상쇄할 매력이나 장점으로 인정해 주어야 할 것이었다. 인간이라는 불완전한 존재가 웬만한 것은 다 덮어버리는 치명적 매력이나, 아니면 누구도 부정할 수 없는 객관적 장점을 하나쯤 갖고 있다면 얼마나 큰 재화를 가진 것인가. 삶이라는 전투에서 배수진의 전술이 되고 흠집 난 관제나 세상을 꿰맬 비책이 될 수도 있을 것이다.

아주 오래전, 초등학교 도덕 교과서에 그림과 같이 실려 있던 그 내용은 아직도 나의 기억에 뚜렷하다. 부유했지만 주변의 어려운 이웃들에게 쌀 한 톨도 나누지 않는 냉정한 수전노였던 한 여인은 당연한 귀결로 죽어서 지옥으로 떨어졌다. 그곳의 아귀들은 서로 탈출하려고 밀치면서 벽을 타고 기어오르다가 떨어지곤 했다. 그런데 그 비정한 여인에게만 동아줄이 내려지고 그것을 잡은 여인은 지옥의 구덩이를 벗어날 수 있었다. 냉혈한이었던 여인에게 무슨 일이 일어난 것인가. 그것은 파 줄기로 이어진 동아줄 덕분이었다. 여인은 생전에 지나가는 걸인에게 한 뿌리의 파를 적선한 일이 있었다. 그것이 면죄부가 되어준 것이다.

완전하지 못한 존재가 인간이다. 그럼에도 신은 한 가지쯤은 인정받을 수 있는 행적이나 큰 장점은 부여했다고 믿는다. 그것이 저마다의 '파 한 뿌리' 다. 따뜻한 심성이든, 글재주나 덕성이든 타인에게 받아들여지는 자신만의 특별한 삶의 기술이다. 이 풍진 세상, 희망가를 부를 인문적 요량이다. 사람마다 파 한 뿌리를 지니고 있다면 나의 것은 무엇인가를 생각한다. 아직 없다면 무엇으로 할까를 또한 생각한다.

가을은 축복처럼 온다. 땡볕과 폭우로 우리를 벌세우던 여름을 거두어 가고 상쾌한 온도와 청량한 공기로 온다. 발효된 반죽처럼 부풀어 오른 우리의 가슴을 알 수 없는 힘으로 지그시 눌러, 작고 단단하게 해준다. 그 가을에 젊은 부부는 이울어 가던 행복을 성형했다. 자신의 장점에 그토록 살뜰하게 복무하는 남편의 정성으로 해서이다.

삶의 문법은 공식이 없다.
그저 애를 쓰는 수밖에.

젊은 그들이 살림을 풍성하게 늘릴 수 있었던 것은 남편의 파 한 뿌리였다.

플라세보 효과

나이테는 한 해의 햇빛의 양을 기억할 것이다. 나무가 만들어가는 나이테의 이목구비는 햇살에 복종한다.

그해 겨울은 혹독했다. 아예 햇살은 없었다. 고희를 넘긴 그가 오래전의 사고를 남의 일처럼 두런두런 말을 이어나갔다. 벼락처럼 그 일은 일어났다. 창업한 회사가 안정기에 들어서며 사세가 나아지던 즈음이었다.

걸어가던 젊은 연인을 치어 중상을 입힌 것은 회사의 운전기사였다. 언뜻 스쳐가는 불길함이 젊은 그들에겐 없었던 것일까. 조금 빨리 걷거나, 한 발짝 늦게 걷고 싶다는 육감이 작동하지 않았던 것일까. 가정이란 늘 그렇듯 쓸모없이 허망하다. 아름다운 미래를 소망하던 두 사람은 더 이상 이승에 존재할 수 없었다, 수십 년 전의 일이어서 보험제도가 시원치 않았고, 빠듯한 자금 탓에 완벽한 보험 대비를 못한 터라 거의 자비로 사후 처리를 해주었다고 했다. 죄책감에 스스로 물러난 기사를 대신하여 새로 고용된 직원이 또 대형의 사고를 내고 말았다. 악운의 행진이다. 미혼의 젊은 여인을 치어 사망케 한 것이다. 삶의 재빠르고 포악한 관성은 시작하면 끝장을 보려고 하는가. 두어 달을 터울로 거짓말 같은 두 번의 해일이 덮쳤다. 그 수습을 위하여 집을 팔아야만 했다.

위대하다는 표현을 딱히 역사의 영웅에게만 쓸까. 우리 주변의 평범한 사람들에게서도 인간의 위대함은 볼 수가 있다. 개인의 역량, 위치에 따라 조금씩 다를 것이나 일반적으로 인식되는 기준이나 한계를 뛰어넘어 준다면 그 말을 써도 될 듯하다. 그렇게 기준을 낮춘다고 해도 위대하다는 수식어를 획득하는 것은 역시 어렵다. 그런 수사를 그에게 헌정하고 싶은 것이다. 멸문지경까지 몰고 간

두 직원에게 비난 한 번 하지 않았다는 것은 놀라운 일이다. 체구가 무슨 소용이랴만 그 작은 체구에 어울리지 않는 대인적 풍모다. 엎질러진 물 앞에서는 어떤 행위도 의미를 갖지 못한다. 하지만 앎과 대응은 늘 별개가 되는 것이 인간이다. '일부러 그런 것이 아니기에' 가 용서의 변이다. 거친 물살에 깎이며 흘러내린 강하류의 퇴적물이 갖는 아량도 아닌 터수에 그런 헤아림을 갖는 것은 쉽지 않다.

삶의 구근이 뿌리째 뽑힌 그들은 방 두 칸의 셋방으로 쫓기듯 옮겨갔다. 설상가상으로 부도가 난 시숙의 가족이 그 작은 둥지에 얹혀살려고 온 것이다. 수심을 모르게 하강하는 그의 삶이었다. 눈 위에 또 서리를 뿌리는 불행의 신은 막무가내다.

엉덩이를 부딪는 좁은 집에서 두 가족의 동거는 수삼 년이나 이어졌다. 그 불편과 갈등을 말로써 표현해야 알 것인가. 자신의 인생이 권하는 방향으로 운명에 수긋이 절하는 그의 인내의 매장량은 얼마인가. 꽃 피려는 순간 뿌리마저 흔들린 삶이었지만 '다시 무동 태울 날이 있으리라.' 수천 번을 그리 되뇌었다고 했다.

새 삶을 위한 도움닫기는 지루했지만 꿈틀거림은 조금씩 감지되고 있었다. 온화하지만 강단 있는 그의 내조도 한몫을 하였다. 가세가 나아진 시숙의 민달팽이 가족이 이사를 나가고 그들도 전셋집으로 옮겼다. 이번에는 갈 곳 없는 큰조카를 데리고 살아야 했다. 그럼에도 삶은 행진하였다. 두루마리 펼치듯 인생을 펼쳐나갔고 결국은 대형아파트의 주인이 되었다. 하나 삶은 여울목에서 또 한 번 굽이쳤다. 신이 은밀히 배치해 놓은 복병은 남편의 발병이었다. 침묵하던 장기, 간이 일으킨 반란은 정신적, 육체적인 용량 초과 때문이었다. 나락에서 벗어나려는 안간힘이 육신에 과부하로 작용한 것이다. 종내는 간 이식만이 유일한 치료라는 목전의 죽음을 선고 받고 가족을 불러 모았다.

개종을 했었다고 그가 독백하듯 말했다. 종교를 바꾼다는 것이 흔하거나 쉬운 일은 아니다. 개종의 시기와 이유는 모르지만 고통의 쐐기들이 박히던 그 즈음이 아니었겠는가. 절대자에 대한 서운함 때문이었을까. 아무리 궁정적 인간이라 하나 이어지는 팍팍한 삶에 지치기도 하지 않았을까. 그저 유추해볼 뿐이다. 그가 신앙수기 공모전에서 대상을 받은 것은 남편의 간 이식과 신앙이 소재였다. 원고에는 남편이 소생하기까지 얼마만큼이나 돌고, 휘고 구부러진 사연들이 있었는가의 감동적인 이야기가 있었다.

교실에 너댓 살의 여자아이가 앉아있다. 소싯적부터 문학에의 꿈을 갖고 있었다는 그가, 어미의 급한 일로 자신에게 맡겨진 손녀를 수업에 데리고 온 것이다. 신통하게 두 시간여의 수업시간 동안 조용히 견디는 인내심이 천생 할머니의 유전자다. 맏이의 아이들도 공직의 부모를 대신하여 십여 년을 길러주었다고 했다. 쉽지 않은 일이다. 그를 마주하면 잔잔한 놀라움들과 만나게 된다.

우리는 세 가지 길에 의해서 성지에 도달할 수 있다고 한다. 첫째가 사색에 의한 가장 높은 길이고, 다음이 모방에 의한 가장 쉬운 길, 그 세 번째가 경험에 의한 길로써 가장 고통스런 길이라고 한다. 그가 어느 경우인지는 쉽게 가늠이 된다. 일흔의 중반을 넘었음에도 아직 현역인 남편과 풍요롭게 살며 봉사에도 열심이다.

쏟아지는 햇살로 이제 그가 키워온 생의 나무는 나이테가 널찍널찍할 것이다. 긍정의 지렛대로 들어올린 그의 삶은 요약하면 우아함이다. '생을 관통해온 통증'이란 타인들의 시선일 뿐, 그는 자신의 삶이 고통스럽다고 생각해본 적이 없었다는 것이다. 유장한 인생, 아픔을 자양분 삼았다고 했다. 그의 언어에서 인문적 향내가 난다.

말들은 자신의 신념이 되어 환경이 되고 운명이 된다.
인간을 위한 위약僞藥 처방이다.
플라세보 효과이다.

줄기세포

그때, 그곳에 서있던 이정표는 그에게는 난수표처럼 해독이 어려운 것이었을까. 이정표가 서 있기나 했던가. 목적지까지의 거리와 방향을 잃은 그는 미궁을 헤매다가 스스로 자신을 버렸다.

그는 아들의 지인이다. 전화를 받고 황망히 밖으로 나가던 아들의 뒷모습을 기억한다. 아무리 뜻 같지 않은 사람살이라 하여도 어쩌자고 신이 결정할 마침표를 스스로 찍었는가. 아들은 전했다. 부유하던 집안이 갑자기 기울어진 데다 자신이 경영하던 사업체도 흔들려 우울증이 삶의 갈피로 끼어들었다는 것이다. 또 그놈의 우울증인가. 아무리 사람 잡는 것이 우울증이라 하여도, 그 병을 부른 것은 결국은 자신이 아닐까라는 생각에 몹시도 안타까웠다. 몹시 아팠을 그의 정신과 육체, 극복하지 못했을 좌절, 우매함, 그의 가슴속 내면의 무늬들로 유추해보는 그의 삶이 애잔했다. 짧은 생애였으나 퇴적된 아픈 순간들이 불혹을 지척에 둔 자신을 거세게 흔들어버렸다. 아직 미혼인 자식을 먼 길로 보낸 부모의 가늠조차 되지 않을 비통함은 또 어떻게 할까. 부모와 자식은 일곱 생에 걸쳐서 만나는 지중한 인연이라고 했다.

헝클어진 매듭을 단칼에 잘라버렸다고 매듭을 풀었다고 할 수는 없다. 그가 곤궁한 환경에서 자라 어려움을 견디는 항체가 진즉부터 있었다면 일단은 견딘 후에 후일을 도모하지 않았을까. 삶에서 얻었던 아름다운 기억 하나 떼 내어, 그것을 돛을 삼아 막막한 바다를 저어 갈 수는 없었을까. 문제는 문제 자체가 아니라 그것에 대처하는 우리의 자세이다.

인간이 필경은 만날 죽음이지만 젊은 육신을 덮친 죽음

의 의미는 강렬해서 두 배의 슬픔을 일으킨다. 우리는 어떤 정황을 이해하려고 들 때 '여북하면'을 쓴다. 오죽하면의 강원도 사투리다. 그렇게 여북했으면 하고 이해하고 싶다. 고삐를 바투잡은 마부처럼 분주하여도 세상의 문은 젊은이들에게 쉬이 열리지 않는다. 우울한 청춘들을 세상은 살갑게 보듬어 주지 않는다. 그들에게 세상은 이미 고단한 것이다. 사람은 누구나 자신의 인생의 수심을 모른다. 닥쳐올 미래를 내시경처럼 들여다볼 수는 없는 것이다. 삶의 노정에서 게릴라처럼 출몰하는 통증들은 치유되기 위해 존재하는지도 모른다. 살점을 태우는 여름의 사나운 햇살도 가을 되면 유순해지듯.

인간은 수억 개의 정자가 하나의 난자를 획득하기 위해 피나는 경쟁을 하여 만들어진다. 사력을 다한 시속 2센티미터의 속도로 10여 시간 동안 헤엄쳐 만난 난자와 결합한 그 수정란으로부터 온다. 이미 엄청난 경쟁률을 뚫고 세상에 포진한 것이다. 인간이 그런 존재임에랴. 어찌 가벼이 세상을 버릴까.

젊은이의 시간은 줄기세포의 속성을 갖고 있다. 어떤

종류의 신체조직으로도 분화될 수 있는 능력을 가진 세포, 즉 분화되기 이전의 상태여서 무한한 가능성을 지닌 것이 줄기세포이다. 미분화 상태에서 적절한 조건이 갖추어지면 다양한 조직의 세포로 분화될 수 있는 것처럼 젊은이의 시간은 성공과 실패, 그 주변부에서 일어날 여러 모양의 삶을 잉태하고 있다. 어떤 형태의 삶으로 분화될 것인가는 청춘들의 의지와 욕구에 복종한다. 그런 값진 시간임에 더 무슨 말을 보태랴. 그것을, 그는 버렸다. "젊음은 젊은이에게 주기에는 너무 아깝다."라고 버나드 쇼는 말했다. 서툰 그들에게 유용하게 써먹지도 못할 젊음을 준다는 것은 분명 아깝다. 나도 그 찬란한 시기를 어영부영 낭비하였다. 그것에 더하여 쌓인 지혜도 없었으니 쉽게 흔들렸다. 나에게 다시 청춘이 허락된다면 하루들을 엿가락처럼 길게 늘여서 서른 시간쯤이나 되게 쓸 것이다. 그러나 과도한 목표는 세우지 않을 것이며, 조급하지 않고 좌절하지 않을 것이다. 무엇보다 자신을 귀히 여길 것이다. 누구에게나 적절하지 않은 목표는 결국은 '덫'이 된다. 혹여 젊은 그가 너무 높은 곳을 바라보았던 것은 아닐까. 젊음에게 장년의 지혜를 남김없이 이식할 수 있다면.

사람 풍경이 모여 세상 풍경을 이룬다. 젊은이들이 만들어내는 삶이 장차는 세상을 괴는 돌이 된다. 그들은 세상의 고임돌이고 종내는 들보가 된다. 그런 그들을 보듬어 줄 격려의 기술이 필요하다. 그의 영전에 시 한 구절을 보낸다.

왜 그래, 가 아니라
괜찮아.
이제 괜찮아.

그가 따뜻한 체온으로 세상에 존재할 때 들려주었어야 할, 시의 마지막 연이다.

제5부

법제하다

법제하다

"건물의 정수리에 일몰이 내린다. 이운 하루들이 모여 한 해가 저문다. 결 고운 꿈들을 뒤뜰에다 묻어버린 고단한 여행자, 세상을 교직하기 위해 한 올의 씨줄로 또는 날줄로 얽혀들었던 그 한 해를 이제 접으려 한다. 새해를 헐어서 쓰기 시작하면 그 빠르기가 전광석화이다. 시간의 성실함과 정직함이 무척 불편해지는 것이다. 사람이 쉬려할 때 시간도 좀 멈추어준다면 정히 좋으련만 세월은 속절없다."

위의 문장들은 내가 젊은 날에 쓴 것이다. 세상이라는

숲에서 한 그루의 튼실한 나무로 서있기 위해 가졌던 열정이나 번민은 항상 시간에 대한 갈증을 갖게 했다. 그리하여 시간은 늘 사정없다고 투덜거렸다. 젊은 날의 초상은 그러했다. 섬돌 위에 나란히 놓인 신발들처럼 언제나 생이 가지런하기를 바랐다. 그러하니 시간이란 늘 모자라는 것이어서 허기졌었다.

한 시대는 그 시대가 앓는 질병이 있다. 그러하듯 개인도 인생의 소절마다 갖는 통증이 있을 것이다.

나의 서슬 푸른 날들도 그 마디마다 욕심으로 아팠다. 성취도, 제어도 어려운 맹랑한 욕망들이었다. 정신의 역마살이었다. 그때의 열정이나 번민, 투덜거림마저 그립지만 이제는 지금 이대로 제법 괜찮다는 생각이다. 자신을 둘러싼 환경이 상전벽해로 달라진 것이 아니라 주변을 재량대로 재단하여 대처하는 힘이 생겼기 때문이다. 그 대처법의 으뜸이 '제어' 이다. 세상사란 이루는 것보다 이루어지지 않는 것이 더 많으니 그 미성취로부터 자신을 어르고 다독이는 것이다. 얼굴을 바꿔가며 끝도 없이 들러붙던 욕망들도 제풀에 지친 모양으로 주인 앞에 너붓이 엎드린다. 세상에 공연한 것은 없다. 인생은 대체로, 거창하지 않다는 것을 배우기까지 많은 날들이 흘렀다. 시간과 관조를 맞바꾼 셈이다. 시간만 흘렀으랴. 사랑이나 자연, 내 주변의 모든 것에 주파수를 맞추어 많은 것을 취하고 배웠다.

자연에서 채취한 생약을 약으로 사용하기 위해 처리하는 과정을 법제라고 한다. 자연 상태의 식물이나 동물, 광물 등을 약으로 사용하기 위해서는 부피가 큰 것은 나누고 단단한 것은 무르게 하며 독성이 있으면 제거하고 성질을 완화시키기도 하는 등 다양한 방법을 쓴다. 그것은 치료효과를 높이거나 새로운 효능을 얻기 위해서이다. 즉, 약이 지닌 서로의 개성을 조합하여 약효를 높이는 것이다. 그러하듯 인생도 세상을 법제해 가는 과정이 아닐까 한다. 법제하여 얻은 묘약을 자신에게 투여해 가며 스스로 강건하고 유능한 인간이 되어 가는 것이 아니겠는가. 유능하다는 것은 무엇으로 꽉 채우는 역량이기도 하겠으나 나이 들어서야 알게 된, 비움에 능한 것이기도 하다. 비우고 버리기가 용이해진 것은 그리 오래된 일이 아니다. 비운다 함은 비워진 그릇에 더 풍족한 것이 채워질 수 있다는 것임도 알았다. 비우면 충만해진다는 충만의 아이러니, 그것 또한 인생의 묘약이다.

얼마 전 몇 사람과 회동하였다. 나는 늘 타인에게서 장점을 배우려고 한다. 선배는 물론 후배에게서도 취할 점은 많다. 한 원로 문인은 팔순의 나이임에도 소설을 출간했고 또 다른 장편을 집필 중이라고 했다. 문청인 양, 몇 년 전부터 신춘문예의 문을 두드렸으나 번번이 고배를 마셨다고도 하는 그의 마르지 않는 열정을 법제의 과정에 넣는다. '계속해서 배우는 행위는 우리가 떠안은 일종의 진화론적 운명이다.' 라는 어디선가 들은 듯한 후배의 발언 또한 법제의 과정에 넣는다. 문학 자체보다 글 쓰는 이가 그냥 좋다는 후배의 친구가 가지고 온 과일이 풍성하다. 음식과 술, 정담이 몇 순배 돌았다. 웅크리고 있던 개개인이 한시적이지만 '우리' 라는 집합명사 속으로 편입된다. 끈적하고 뭉클한 무언가가 잠시 느껴진다. 행복도 기술의 영역이라고 한다. 행복을 느끼거나 취득하는 것은 그것을 위한 태도나 마음 길들이기에 좌우된다는 말이겠다.

만났던 사람들은 모두 한 개씩의 뜻글자였다. 그들의 면모를 이모저모 법제하여 만든 약이 나에게는 양약이 되었고, 가끔은 약효가 뛰어나 내 안에 내처 존재하게 될 디딤돌이 되기도 했다. 삶이 흐르면서 강 하류에 퇴적해 놓은 것은 거창한 것이 아니라 평온하고 평범한 것에 대한 애정이었다. 늙어가는 내 안에 젊은 내가 몇인고 하니 '수없이 많다.' 이다. 그런 젊은 '나' 들이 모여 요만큼의 모양새나마 갖추었다고 스스로를 위무한다. 밑줄 그음으로 살아나는 문장들처럼 그저 흘려보낸 날들이러니 했던 수많은 그날들이 모두 비범한 하루들로 부활한다. 유정하게 다가온다.

이해를 보내고 다발로 묶여
내게 올 새해 선물, 새로운 그날들을 기다린다.
개안한 듯 환해진 눈으로.

스무날의 비망록

불륜의 연인처럼 탐닉했다. 외출 시 어쩌다 잊고 나간 날에는 하루 종일 불안했다. 이 물건이 없었을 때는 어떻게 살았을까. 많은 사람을 마술 상자처럼 불러낼 수 있는 신묘한 물건이지 않았는가. 어디에 있든지 대기상태에서 시간을 죽이기에 안성맞춤이던 물건이었다.

세상과의 모든 연결고리가 순식간에 끊어졌다. 대단한 고립감이다. 모든 연락처가 그 속에 오롯한데, 지인들이 나를 기억하며 보내준 문장들이 빼곡하고 기록물 같은 영상들이 가득하다. 그것이 전혀 작동을 하지 않는다. 휴대전화 단말기를 세게 떨어뜨린 것이다. 낙하지점이 높았던 탓에 기계는 수리도 불가능한 만신창이가 되었다.

연락이 닿지 않는 어미에게 놀랄 아이들과 투덜거릴 친구들이 눈에 선연하다. 지니고 있으면 원군처럼 든든했고 애완동물처럼 즐거움을 주었다.

지인들에게 지금의 상황을 설명하려니 기억되는 연락처가 없다. 단축번호로 입력되어 있어 숫자를 정확히 외우지 못하는 아이들마저 연락 두절이다. 부서진 조그만 기기 하나로 하여 일시에 세상과의 소통이 단절되었다. 아득하다. 인간은 점점 정교하고 편리해지는 문명의 이기利器에 길들여져 왔다. 그렇게 길들여진 인간에게 기계 고장으로 인한 갑작스런 불통은 대단한 폭력이다.

교체할 모델을 궁리하는 동안 하루가 갔다. 바쁜 일로 또 하루가 갔다. 연락을 받지 못해도, 하지 못해도, 해명할 당당한 이유가 있으니 괘념치 않아도 되었다. 그렇게 흐른 얼마간의 시간이 닷새를 넘겼다. 괴이하지 않은가. 조바심치던 마음이 안온하게 눅어져 갔다. 산행 중에 만난 비바람을 피해 따뜻한 동굴로 피신을 한 것처럼 밖이야 어떠하든 그 안에 든 나는 밖의 비바람과는 상관이 없는 것이었다. 나는 '피신'을 즐기기로 했다.

새 전화기 구입을 며칠간 미루기로 하니 마음이 무척 순해졌다. 편리함이라는 이름으로 웃자란 우리의 욕구가 얼마나 많은가. 기계문명은 진화를 멈추지 않고 필요 이상의 편리함을 지향한다. 제품은 신제품의 추격에 언제 터질지 모르는 비눗방울 신세가 된다. 수요가 공급을 창출하는 것이 아니라 공급이 수요를 자꾸 이끌어내며 물신숭배를 부추긴다. 집단최면에라도 걸린 듯 더 크고 더 나은 욕구가 타의에 의해 배양되는 시대를 우리는 살고 있는 것이다. 세상은 그렇게 우리를 닦달한다.

주변을 잊어버리는 잠깐의 기억상실에 침잠하기로 했다. 세상과의 적당한 사이 띄우기였고 그것은 치유였다. 하루가 멀다 하고 신변을 확인해야 하는 객지의 아이들은 통화를 하지 않아도 잘들 지낼 것이다. 나만의 기우였고 세상은 내가 간섭하지 않아도 잘도 돌아갔다. 수십 통이 와 있을 e-메일도 의도적으로 열어보지 않았다. 그리

애면글면할 필요가 있었던가.

가을의 한유와 아름다운 풍광을 만끽하는 것도 어렵지 않았다. 늘 거기 있겠거니 하고 버려두었던, 가까이 있는 명산을 잠시의 나들이로 다녀왔다. 늘 저 혼자 왔다 가곤 했던 가을이 도처에 있었다. 만추의 아름다움이라니. 몇 해 동안 서름하게 지냈던 자연에게 다가서니 내 육신의 물관도 열렸다. 집으로 돌아오면서 정원의 나무들을 생각했다. 한 해 동안 제 마음대로 자라 수북하니 돋아난 가지들을 내 손으로 잘라 주리라. 도시에 갇혀 있으니 정원의 나무는 가장 가까이에 있는 자연이다. 삭막한 도시 풍경에 여백과도 같지 않은가. 내처 그것들에게 무심하였다.

여태 남의 손에 맡겼던 가을의 전정을 한다. 담벼락 위, 사다리 위를 곡예사처럼 오르내리며 가지치기를 한다. 막노동이다. 돌 틈에 끼인 키 낮은 나무도 소담하게 이발해 주었다. 힘의 소진으로 하여 쉬어가며, 훤해지는 나무들의 준수한 외모를 즐기며 일했던 사흘간의 노역이 끝났다. 육체노동이란 얼마나 건강한 것인가. 그 끝은 참으로 달콤하여 순한 노동과 흙과 바람을 고마워하게 한다. 문명이 정신노동을 요구하듯 자연은 육체노동을 요구한다. 땀 흘리는 육체의 원시노동은 몸을 움직인 만큼의 대가를 준다.

북적임과의 잠시의 단절은 많은 여유시간을 내게 선물하였다. 물리적 시간보다 마음의 넉넉함이었다. 내친김에 서재도 샅샅이 정돈하고 번다함을 핑계로 밀쳐두었던 자질구레한 일들도 완결하였다. 별로 성취된 것도 없이 내 영혼을 분망하게만 했던 쳇바퀴 도는 일상들은 도미노처럼 격파되었다. 삶을 최대한 단순하게 한 것이다. 컴퓨터를 끄고, 외출도 거의 삼갔다. 전화기가 없으니 말들도 오가지 않는다. 시간에게는 고이 흘러가라고만 했다. 엽서 한 장의 간략한 나날들이었다.

스무날쯤의 의도적인 문명기피로 살아보았다. 역방향으로 저만치 가보았다. 후진해본 것이다. 그러나 '금식'은 크게 오래 가지 못했다. 내가 살고 있는 시대가 디지털 시대임에랴. 잠시의 쉼표는 우연히 촉발된 경험이었다. 하나, 금식한 이십여 일은 소중한 기억으로 남을 것이다.

의미 없는 분망함에 대한 반성문을 쓰듯, 가끔은 의도적인 피신을 즐겨 볼 요량이다.

복고형 인간

서랍 정리를 하다 문득 발견한 손수건, 물색 고운 수건들이 맨 밑바닥에 곱게 쟁여 있었다. 그러고 보니 몇 해 전 손수건을 전부 모아 다림질해 두었던 것이다.

물건들은 시대에 따라 그 명운을 다하고 사라진다. 편리하게 휴대할 수 있는 각종의 휴지들이 그 기능을 대체해버린 손수건도 그런 것 중 하나이다. 지인에게 손수건을 갖고 다니는지 물으니 큰 쓰임새는 없으나 그냥 가방에 들어있다고 한다. 그들에 비해 그 쓰임새를 너무 빨리 종결해 버린 자신의 삭막함에 잠시 머쓱해진다.

버튼 하나로 해결되는 빨래와 청소, 인간을 편리하게 도와주다 못해 인간을 도태시키는 인공지능이 이미 세상을 장악해버린 느낌이다. 세상의 일들은 자꾸 간단하고 편리해져서 숫제 대문 밖으로 나가지 않아도 거개가 해결될 지경이다. 생활 방식의 진화, 그 세련됨이 말려버린 촉촉한 습기가 아쉽고 휘발되어 가는 감성이 경박스럽다. 그리하여 시간의 수레에 실려 사라져간 것들을 소환하고 싶다.

좋은 집으로 이사를 간 친구 집에 모였다. 사업으로 크게 성공한 남편의 요구에 따라 집은 필요 이상으로 넓었다. 휑한 공간을 구석구석 잘 꾸며놓았고 큰 창으로 쏟아져 들어오는 조망도 대단한 풍치였다. 카페처럼 꾸민 넓은 주방에 모두들 칭찬의 말을 했지만 나의 눈길이 머무는 곳은 바로 친구의 서재였다. 대단한 독서나 집필을 하는 것도 아닌 터수라 공간을 크게 잡지는 않았다고 했다. 그 겸손한 공간의 가장 남쪽, 볕이 따가운 곳에 장독대를 마련해두었다. 옹기종기 엎드려 있는 단지들은 저마다 된장, 고추장을 품고 있었다. 집주인은 독들을 위하여 남쪽 창은 벽을 대신할 만큼 크게 내어 볕 좋은 방을 만들어 놓았다. 해마다 정성스레 담근다는 장이 책과 시와 두런두런 소통하며 익어가고 있었다. 서재 안의 된장독, 이채로운 풍경이었다.

초대 받아 갔던 남편 회사의 창립기념행사에서 시인인 그가 한 말은 "밥을 참 열심히 했어요." 였다. 내조의 변으로 하는 일종의 공식 같은, 통상적인 말은 아니다. 달변인 그가 어찌하여 투박한 듯 소박한 그 말을 했을까. 흉중에 새겨두었던 언어의 심지가 저절로 말이 된 걸까. 각질로 굳어버린 남편의 감성은 무딘 철벽이어서 소통은 없었다.

아내가 시 쓰는 것을 싫어했다. '돈' 이 되지 않았으므로. 괴팍한 그의 입맛을 위해, 남편이 새벽에 집에 들이닥칠 때 대동하는 직원들을 위해 열심히 밥을 해야 했다. 어려움을 겪는 남편이 좌절할 때는 더욱 맛깔나게 밥을 지었다. 사세가 외국까지 뻗어있는 지금도 전투하듯 밥을 하고, 장을 담근다. 출가한 아이들에게도 나누어 준다. 삶의 지층은 밥으로부터 쌓이는 것이 아니겠는가. 한때 그도 밥이 서러운 적이 있었다. 밥이 어떤 것인가를 잘 안다. 육신과 영혼을 위한 에너지의 원천이 밥이라고 믿는 그는 맛있는 밥상을 위하여 고심했다. 맛의 줄기세포는 장이다. 된장을 담가 맛있는 간장을 우려내고 고추장 또한 온 정성으로 담았다. 아파트의 볕 좋은 공간을 옹기들이 차지하고 있는 까닭이다.

그의 삶의 방식은 느리다. 조선시대의 한복판으로 걸어 들어가도 잘 살아낼 여인이다. 나는 그의 생각의 곳간을 좋아한다. 동질성에서 오는 친밀감만큼 서로를 이어주는 게 또 있을까. 그를 만나면 서로의 논배미에 물꼬를 터주는 듯하여 매양 즐겁다. 현실은 첨단문명의 고삐를 바투 잡고 살고 있지만 정서는 복고적 지향에 목마른, 우리는 늘 이율배반이다. 그것이 굳이 과거 지향적 서정만이랴. 사람 사이에 온기가 스며들게 하고, 물기가 빠져나간 모래처럼 푸석한 우리의 삶에 윤을 내는 일이다..

집밥이 대세다. 사먹는 것 같지 않고 집에서 먹는 밥처럼 음식을 내오는 가정식이 인기가 있다. 외식을 하는 것이 잘 먹는 것이었던 시절을 생각하면 격세지감이 있다.

바쁜 현대인들이 한끼를 때우기 위해 외식을 대량 소비하는 이 시대에 느린 '집밥'은 귀한 것이다. 박경리 선생은 "인간의 역사란 궁극에 부딪치면 방향을 트는 것" 이라고 하였다.

그는 심지가 얼마나 굳은 것일까. 가내의 안주인이라면 누구인들 그리하지 않으랴만 묵묵하게 밥 짓기에 골몰하였다. 서정에의 허기는 남편 모르게 하는 시작詩作으로 채웠다. 그리고 봄이, 가을이 그의 곁을 수없이 다녀갔다. 이윽고 성공은 지아비의, 그리하여 자신의 몫이 되었다. 꾹 눌러두었던 문학에의 갈증은 몇 해 전 시인이 되면서 해갈이 되었다. 이젠 시를 몰래 쓰지 않는다.

태반에서 이륙하고 흙에 착륙하기까지, 우린 모두 자신의 생에 대한 선량한 채무자들이다. 각자 부여된 소명에 부응하는 것은 마음에 새겨 나가는 문신이다. 어떤 무늬로 새길 것인가는 각자의 역량과 통찰에서 비롯된다. 복고형 인간을 가까이 보면서 감지되는 것은 가장 기본적인 것이 궁극에 이른다는 것이다.

진부한 이야기로 치부해 버릴지 모르지만

그 '흔하고 재미없음'으로 해서 보편성을 갖는다.
보편성은 녹슬지 않고 늘 새것으로 반짝인다.
어느 때라도 그 시점의 시대정신을 뛰어넘는다.

그들에게 사랑은

그들을 비추던 카메라는 이제 더 나은 구도를 위한 앵글의 변화는 없을 것이다. 그들은 이제 피사체로서의 역할은 없을 것이기 때문이다.

그들에 대하여, 특히 여인의 생각에 동조하는 이와 그 대척점에 있는 친구들의 견해로 의견은 둘로 나뉘어졌다. 어느 쪽도 상대를 설득하진 못했다. 장년의 사랑 이야기는 설왕설래하다가 결론 없이 다른 문제로 넘어갔다.

늘 그래왔듯이 세상은 소란하다. 큰 도둑 사건이 아니면 성 추문이다. 나라의 심부름꾼인 공복公僕은 이미 공복

空腹을 채우려는 태도들로만 보인다. 주제가 사랑 이야기에서 한심한 인간군으로 급선회한 소이는 인간이라면 누구나 갖는 재물에 대한 소망, 나아가서 집착을 말하고자 함이다. 잘산다는 것을 많은 재화를 보유하는 것과 동일시하는 데서 세상의 온갖 비리와 문제가 잉태되는 것 아닌가. 거기서 자유로울 사람이 있으랴만 문제는 과도한 욕구에서 발원되는 재앙이다. 과한 욕망, 영혼의 비만은 크든 작든 문제를 촉발한다. 프로이드를 인용하면 "인간의 욕망은 터지기 직전의 고무풍선 같아서 누르면 누를수록 더 큰 반동으로 튀어 나온다."는 것이다. 굳이 그의 말을 빌리지 않아도 누구에게나 바이러스처럼 잠복해 있는 것이 소유욕이다. 세상사란 그 '소유하고자 함'에서 연유한 일, 사건, 사고들의 총체적 집합이다. 세상의 모든 것을 용병할 수 있는 돈의 둔갑술, 그래서 돈은 신묘한 물건이고 또한 고약한 물건이다.

친구의 남편이었던 그 남자가 한 여인을 알게 되었을 때는 이순의 중반을 넘긴 십여 년 전이었고, 아내를 저세상으로 보낸 지 오래지 않아서였다. 첫 배필과 사별하고

장성한 자녀들을 두었던 두 사람은 서로를 알지 못하는 온전한 타인이었다. 배우자를 여읜 후 흐른 몇 해, 외로움이 낭자하던 때였다. 오랜만에 날아든 엽서처럼 두 사람 사이엔 물길이 트이고 작은 강이 흘렀다. 어떻게 시작되었는지 궁금하지만 인연은 그렇게 그들을 묶었다. 어쩌면 두 번째의 배우자로 오래전 점지되었을는지도 모를 일이다. 자신의 빈 의자만 덩그러니 남겨두고 떠난 친구는 남편에게 늘 연지처럼 붉은 마음이었다. 홀로 남겨진 남자가 새 여인을 찾는 것은 당연한 수순이라 하더라도 우리는 뭔가 체한 것 같은 기분이었다. 그 가정의 안정은 친구의 알뜰하고 성실한 내조의 퇴적으로 이루어졌다고 해도 좋을 것이기 때문이다. 이야기는 그런 통속에서 한 치도 벗어나지 않는다.

여인도 구차하진 않았으나 남자는 부유했고 사회적 지위도 있었다. 주위에 알려질까 조심스럽던 관계가 점차 공식적이고 당당하게 되어갔다. 소문은 너울거리며 돌았다. 곧 결혼도 해버릴 태세였다. 연인들에게 발차기가 들어온 것은 그때였다. 남자의 결혼한 딸이 격렬하게 반대하고 나섰다. 연애만 할 것이지 결혼은 안 된다는 것이었다. 두 살 터울의 친정 동생을 어미처럼 돌보고 있는 맏딸이다.

사람이 살면서 관계가 헝클어지는 경우는 이해가 상충될 때이다. 이익과 손해가 서로 어긋날 때 첨예한 대립이 일어난다. 아버지와 딸의 물질적, 정서적 이해가 삐걱거리는 소리를 내기 시작했다. 물질적인 측면이란 새로운 여인이 끼어들면서 장차는 삼각의 구도가 되리라는 딸의 예단이다. 정서적이라 함은 고인에 대한 딸의 애틋한 정이 새 가족 구성원을 받아들이지 못한다는 점이다. 어머니의 빈자리를 대신하는 것도 탐탁지 않거니와 여인이 배우자로서의 법적 지위를 얻음으로써 야기될 미래의 분란은 불을 보듯 뻔한 것이었다. 그 집안만의 문제일까. 장성한 자녀들이 부모의 재혼을 반대하는 것은 재산 문제 때문이라는 것은 이미 알려진 사실이다. 서로의 이해가 상충될 때 그 수위의 조절은 상당한 도덕성과 이성이 요구되지만 그것이 난망하니 타협은 쉽지 않다.

사랑은 정점에서 숙지근해져버렸다. 몇 해 전 가슴을

비집고 스며든 한 소절의 사랑을 여인은 끝내기로 했다. 시간이란 인간의 기억을 지우는 노련한 청소부일 것이니. 시간이 망실의 정거장으로 이끌어주리라 생각했을 것이다.

기어이 결혼이라는 절차에까지 이르러야 했을까. 좋은 관계를 유지하면서 서로 다른 공간에서 사는 것도 좋지 않았을까. 사랑과 우정에는 서로를 향해 다가가면서도 떨어져 있을 수 있는 다정하고 편안한 유무형의 공간이 필요하다고 했다. 헤어질 연유까지 되어야 했을까. 친구들의 의견은 반으로 나뉘어 오고가는 말들만 무성했다. 배우자의 법적 지위를 기어이 얻으려는 여인도, 절대 허용할 수 없다는 딸도, 길항하는 두 주장은 물질에 대한 인간의 집착에서 연유된 것임을 우리는 인지한다.

세상은 사랑으로 자욱하지만 그들이 사랑이라는 지렛대로 들어올린 것은 없다. '기쁨 속에서, 슬픔 속에서, 인간의 손길 밖에서 제 마음대로 흘러가는 것이 세상사다. 흐르는 시간 속에서 이도저도 다 지나가리라.' 유추해본 두 남녀의 마음이다. 그들의 이야기는 범람하는 사랑에 이미 낭만은 끼어들 여지가 없다는 말로 대변되는 요즈음의 세태를 그대로 보여주는 것 같아 씁쓸하다. 다만, 세태란 사람들이 십시일반으로 만들어가는 사회적 현상이다. 이 시대의 풍경을 만들어낸 나도, 너도, 누구인들 그 책임에서 자유로울 수 있으랴.

파문

가만히 엎드려 있던 물이, 기어이 파문을 일으킨다. 돌 하나가 날아와 잔잔한 호수에 내리꽂힌 것이다. 동심원들이 크기를 키우면서 파문은 퍼져나간다.

강아지가 제 밥그릇 앞을 묵묵히 지키고 있다. 식욕 탓이다. 18세라는 나이가 강아지라는 지칭을 무색하게 하지만 나에게는 영원한 '강아지' 이다. 개가 11년을 살았다면 인간이 60세를 넘긴 것과 같다고 하니 18년이면 백수를 누린다고 봐도 좋을 것이다. 나는 늙은 녀석을 위하여 많은 시간과 보살핌을 쏟아야 한다. 애완견의 사랑스러움은 이미 존재하지 않는다. 동그란 눈망울도, 윤기 나는 털도 없다. 보살펴야 하는 의무감만 있을 뿐. 치매가 왔는지 대, 소변을 못 가린 지는 오래이며 백내장으로 앞도 잘 보이지 않는다. 처음엔 나 자신이 눈을 꼭 감고 온 집안을 부딪고 다녀볼 만큼 녀석이 딱했다. 부딪치지 않고 제법 잘 다니는 걸 보고서야 그나마 측은지심은 거둘 수가 있었다. 그동안 수술도 수차례, 잔잔한 병치레는 말할 것도 없다. 인간이 백 세를 살면서 겪은 병고와도 같을 것이니. 몇 달 전, 방광암이라는 진단을 받고 선혈을 낭자하게 쏟으며 입원했을 때 나는 이미 계획된 여행을 포기할 수밖에 없었다. 지루하고, 무척이나 힘들어도 생명을 방기할 수는 없는 것이었다.

명줄이란 미물의 것도 중하기가 그러하다. 사람임에랴.

수년 전, 남편을 여읜 여인의 슬픔을 읽었다. 제어가 되지 않는 통곡과 흐르는 눈물로 그는 자신을 실성한 사람처럼 묘사했었다. 장지에서, 여인은 남편이 안치될 광중으로 뛰어들었다. 놀란 친지들이 여인의 광란을 겨우 수습하여 장례를 치렀다. 그의 예사롭지 않은 슬픔 뒤에는 배우자의 죽음에 대한 어떤 특별한 곡절이 있는 게 아닐까.

죽음에 대한 한 개인의 각별한 의미를 말하고자 함이 아니다. 농도에 강약이 있을 뿐 가족을 잃은 슬픔, 확장하면 인간의 소멸을 보는 비애를 말하고자 하는 것이다. 멀리서 보면 인간이 필연적으로 겪어야 할 죽음일 뿐이지만 그 죽음 주변의 진한 통증이 얼마인지는 계량할 수가 없다.

비교적 최근, 일 이 년지간에 들려온 죽음들에 대한 소식은 우리를 슬프게 한다. 꽃잎처럼 떨어졌다. 그 여인의 남편처럼 한 가정의 가장들이다. 스스로 스러져 갔다. 그러나 자살의 모습을 한 타살이다. 무엇이 그들을 레테의 강으로 이끌었는가.

광풍이 불었다. 인간의 무너진 자존심 대신 가슴에 들어앉은 통한은 인간이 스스로를 추스르지 못하게 했다. 제자리에서 제몫을 하던 사람들이다. 오욕의 명찰을 달고 스스로 절명에 이르렀다. 그들이 죽어야 할 이유가 있었을까. 많은 사람들이 평화로운 일상을 잃고 네모진 철

제공간의 블랙홀로 속속 빨려들었다. 혹은 그들처럼 죽거나. 시간의 더께가 쌓이면 아무리 억울한 죽음이어도 우리는 즉 타인들은 잊는다. 하나 계속되는 가족의 울분은 어쩔 것인가. 타인의 망각 속에서도 가족의 아픔은 계속된다.

호수의 파문이 커져만 가고 있다. 커져만 가는 파문 속에서 그들의 자진은 이미 큰 문제도 아니게 되었다. 큰 것은 작은 것을 덮는다.

한 거대한 공동체 속에서, 그것이 국가이든 조직이든, 그 안에서 몰래 자라나는 독버섯 같은 세력이 있다면, 그래서 숙주를 해하려 든다면. 무서운 일이 아닐 수 없다. “녹은 쇠에서 나오지만 녹은 그 쇠를 먹어버린다.” 『법구경』에 있는 경구이다. 사마귀의 몸에 기생하는 연가시라는 생물은 숙주의 뇌를 조종하여 물가로 가게 한다. 그리하여 물속으로 뛰어들게 한다. 기생충이 숙주를 파멸에 이르게 하는 것이다. 제 서식지인 풀밭을 두고 무엇에 홀린 듯 바다를 향해 기어가는 사마귀를 동영상에서 볼 수 있었다. 쇠에서 나온 녹이나, 연가시나 저를 생성한 주체를 엎으려는 그악스러운 세력이 된다면.

"성 밖의 적은 무서운 줄을 안다. 그러나 내부의 적은 무서운 줄 모른다."

로마의 철학자, 정치가인 키케로는 그렇게 말했다. 훌륭한 이의 말을 빌리지 않아도 우리는 수많은 세계사적 사건에서 그것을 배울 수 있었다.

우리라는 집합명사는 열심히 살아왔던, 그리고 열심히 살아가고 있는 이 땅의 사람들을 지칭한다. 우리의 하루들은 비범하였다. 잘록한 개미의 허리를 더 조이고, 성실이라는 단어를 금과옥조로 부둥켜안고 살았다. 그리하여 이 강토는 도처에서 반짝이며 윤이 났다. 꽃은 붉고, 나무는 푸르고, 강물은 희망을 싣고 넘실거렸다. 이제는 물기가 빠져나간 모래처럼 푸석하다. 미망 속을 헤매는 일단의 사람들로 해서이다. 사위가 적막하다. 그 적막 위로 꽃은 여전히 찬란하게 붉은데.

인간의 길이, 삶의 길이 어떤 모양이어야 하는가.

인간에게 가장 주요한 덕목은 양심이 아니랴. 양심은

세상의 모든 원칙에 입각한다. 올바른 양심은 세상의 모든 비리를 격파해 나갈 수 있다. 최악덕인, 위선을 이길 수 있는 오직 한 가지의 무기이기도 하다. 위선은 거짓, 가면, 이중성, 비양심을 총체적으로 아우르는 단어이다. 난두하는 위선이 양심을 간단히 제압해 버리는 작금의 세태에 무슨 양심 운운인가. 그래도 휘발되어 가는 양심을 붙잡으러 애를 써야 하지 않겠는가.

호수의 파문이 멀리 퍼져나가고 있다. 크기는 커졌지만 희미해졌다. 희미해지면 소멸로 이어질 것이다. 파문의 물리物理란 일어나고 커져가고 종내는 소멸되는 것이다.

아, 그렇구나. 파문의 물리가.

단언컨대

아이는 더벅머리였다. 가장은 남아의 손을 잡고 나타났다. 서너 살쯤으로 보이는 아이와 그 아비는 궁색한 차림이었다.

부유하던 살림이 부도가 나고 남편이 바람처럼 사라진 후 아내가 생계를 꾸려가는 이야기는 스토리텔링의 전형이다. 그 집안이 꼭 그랬다. 한 술 더 뜨는 것은 몇 년이나 종무소식이었던 가장이 혼외의 소생을 데리고 온 것이었다.

아낙은 버선발로 뛰어나와 맞았다. 이미 휘발되어 버린

원당의 마음 대신 들어앉은 반가움은 그녀를 부엌으로, 마당으로 종종걸음치게 하였다. 가장이 내처 집에 있었던 것처럼 일사불란하게 그를 위주로 일상이 돌아갔다. 익은 김치를 먹지 않는 남편을 위해 아내는 매일 김치를 담그고, 제 소생이 아닌 아이를 정성껏 키웠다. 여느 아낙 같았으면 어림도 없을 일이었다. 소식도 없이 집을 비운 십 년의 시간 동안 무얼 먹고 살아왔는지는 괘념치 않았다. 밖에서는 어떤 조악한 음식을 먹었다고 해도 내 집 울타리 안에서는 남편의 까다로운 입맛은 존중되어야 한다는 것이 아내의 생각이었다.

내 앞에 앉은 오십 줄의 여인이 담담하게 어머니 인생을 서술하고 있었다. 요즘은 흔하지 않은 고급 수제품 구두 가게의 사장인 그는 쾌활한 성품이지만 가족사, 특히 어머니 얘기를 할 때면 어떤 결기가 느껴졌다. 엎어져 버린 살림에다 가장의 부재까지, 이중고가 한꺼번에 닥친 그 형편에 올망졸망한 자식들을 키워내야 하는 상황이었음에랴. 생선 좌판에다 돈이 되는 일이라면 무엇이든 해야만 했다. 나날의 일상이 숨 고르며 물로 뛰어드는 해녀의 자맥질이었다. 전족한 발처럼 뒤뚱거리며 살아온 아내에게 돌아온 남편이 건네준 것이 생활의 방편이 아니라 시앗의 소생이었다니. 지독한 희생이라고 딸은 생각하지만 정작 어머니는 괘념치 않았다는 것이다. 예전처럼 극진하게 남편을 대하는 아낙의 인내의 매장량은 얼마인가. 섬이 언제나 자신을 들여다보는 일보다 바다나 육지를 바라보는 것에 익숙해 보이는 것처럼 그 여인도 그랬을까.

길을 잃어버린 아버지의 염치를 보상이라도 하듯 아이들은 철이 일찍 들었다. 이복동생을 구별 없이 대해주라는 어머니의 엄명을 충실하게 따라 아이는 어른이 된 지금에도 자신이 가족의 이질적 구성원이라는 걸 까맣게 모르고 있다고 한다. 우애 있는 형제들이나, 지휘관처럼 가족을 이끌어온 모성이나 모두 참 덕성스럽다. 친모로 알고 자라 온 아들은 효자가 되었고 수완도 좋아서 큰 제화 공장을 운영하고 있다고 했다. 이 가게도 그가 공급해주는 구두를 팔고 있는 것이다. 부업으로 연 가게는 꽤 성업 중인 듯 보였다.

팔순의 할머니가 되어버린 그의 어머니가 큰 산처럼 느껴졌다. 윗세대의 여인들이 대충 그렇게 살아왔다고들 하지만 불행을 바라보고 대처하는 방식은 남다른 것이었다.

자신을 세상으로 초대한 삶에게, 생이 닳아 없어질 때까지 용해되고 감사했을 뿐이었다. 그것이 목표가 되었고 정해진 목표는 등대가 되어 길을 인도하였다. 능동적이고 주체적인 자세가 시작은 미미하였지만 시간이 흐를수록 복리로 계산된 이자처럼 큰 눈덩이가 되어준 것이다. 잘 자란 자녀들은 우애가 돈독하였고 특히 이복의 막내는 신의 뜻인지 가장 효성스럽고 부유한 자식이 되었다.

일가는 행복하다. 세상 도처에서 카인과 아벨의 갈등이 넘쳐나고 형제간에 우애가 있는 것이 오히려 희한한 일이 되어버린 작금의 세태에 신선하기가 들꽃 같다. 나무는 뿌리만큼 자란다. 어머니라는 뿌리가 튼실한 만큼 자녀들이 피운 가지와 잎은 무성했다. 혼외의 소생을 구박하였다면, 그것이 가족 간 불협화음의 빌미가 되었다면, 그 결과의 차이가 엄청났을 것임에 남의 일인데도 등짝이 서늘해온다. 인생은 협업으로 얼마나 빛나는 것인지.

어머니 처신의 백미는 아이의 생모와의 관계였다. 일찍 세상을 떠난 남편을 대신해 자녀들 몰래 돌봐온 생모가 최근에 이승을 떠났다고 했다. 그제야, 중년이 된 막내에게 진실을 알리고 제 어미의 제사는 제 손으로 지내게 해주어야 하지 않겠느냐고 자녀들에게 의논을 해온 것이다. 어른이 되었다고는 하나 동생이 받을 충격을 생각해서 그 시기를 저울질하고 있다는 것에서 이야기는 끝이 났다.

후일담은 듣지 못했으나 무슨 상관이랴. 한 여인의 평범한 비범함이 나에게 전이되었다. 잠시 비옥해졌다. 그 여인의 덕성과 지혜는 그것을 갖추기까지 예열의 시간이 얼마였을까. 아니면 천부적으로 세포에 내재되었던 것일까.

우리가 성지에 도달할 수 있는 길은 세 갈래가 있다고 한다. 가장 높은 사색, 가장 쉬운 모방이 있고 세 번째가 경험에 의한 것이며 가장 고통스런 길이라고 한다. 언감생심 성지에는 도달하지 못하나 대체로 세 번째인 경험에 의해 우리는 생을 이어나간다.

우리는 태생적으로 삶에게 빚진 자들이다. 삶은 결코 까닭 없이 우리를 무동 태워주지 않는다. 넘어지고 일어서며 삶을 사용해 나가는 것이 빚을 갚는 일이다. 그리하면 생은 시나브로 연착륙으로 갈 것이다.

그것은 '단언컨대' 경험에 의해서다.

아이를 사절합니다

마음이 난분분 흩어질 때 카페에 들르면 정수리를 지그시 눌러주는 것처럼 영혼의 미열은 가라앉는다. 차가 특별하게 맛있으면 금방 상쾌해진다.

맛있는 찻집이라고 소문난 곳을 먼 거리도 불사하고 찾아갔다. 주차공간이 마련되어 있지 않아 도로 건너편의 꽤 떨어진 곳에다 차를 세우느라 약간 심기가 불편해졌다. 부족하게나마 주차할 공간도 만들어 놓지 않다니. 무슨 뱃심인지 궁금할 뿐. 겨우 도착한 가게 앞엔 오, 웬일인가 '노 키즈 존'이라는 팻말이 붙어있었다. 아기를 안고 있던 딸이 돌아가자고 했으나 나는 오기가 생겼다. 좀 전에 눈에 띄었더라면 진즉에 돌아갔을 터이련만 이 카페에 오기 위해 어렵사리 주차한 것이 아까웠다.

그리고 사람 있는 곳에 사람이 왔는데 무에 그리 대단한 '법령'이랴, 싶었던 것이다. 문을 살짝 열고 들어가 주인인 듯 보이는 젊은 여인에게 다른 손님에게 절대 폐를 끼치지 않고 차만 마시고 금방 나가겠다고 했다. 두어 테이블밖에 손님이 앉아 있지 않은 휑한 실내였다. 상대는 냉랭한 표정이었다.

그령인구가 내년 초에 어린이를 앞지른다는 보도가 있었다. 나라가 시들어 가는 꽃처럼 활력을 잃어갈 형편인데 아이를 못 들어오게 하다니. 우리나라는 고령화 사회에 이미 진입했고 내년, 2017년에는 고령사회, 십 년 후엔 노인 인구 비율이 전체 인구의 20%를 넘기는 초고령사회에 접어들 것으로 예상된다고 한다. 젊은이는 줄고 노인은 늘어난다. 인구의 분포가 달라지면 당연히 사회현상도 변한다. 4년 후엔 대학마다 약간의 차이는 있겠으나 총체적인 대학 정원의 수에서 미달이 되고 6년 후부터는 군에서 신병新兵이 모자란다고 한다. 특히 어린이 인구의 급격한 감소는 농촌지역 지자체의 존속을 위협할 가능성이 크다는 얘기도 있었다. 언급된 현상뿐이겠는가. 사람 사는 세상에 사람이 늘어나지 않는다면 그 어떤 사회문제에 앞서 세상을 망쳐버릴 것이다. 생명은 자본이다. 저출산, 무출산은 국가 자살의 단초가 된다.

밖으로 나가려다 젊은 여인에게 다시 다가갔다. 점잖은 아가라 주위에 조금의 피해도 없을 것이라는 말을 또 건넸으나 같은 대답이 돌아왔다. 말의 낭비, 비껴간 대화였다. 상대는 어떤 불쏘시개로도 연소되지 않는 목석이었다. 딸은, 제가 사는 서울에선 그런 장소가 곳곳에 있다며 애당초 문 앞에서 바로 돌아가자고 했던 터였다. 무슨 말이냐, 아기가 어떤 존재인데 하고 우긴 쪽은 나였다. 딸의 말이 보기 좋게 들어맞은 것이다.

벌레 씹은 입맛이다. 그런 공간이 생겨나게 된 원인에 대해 입맛이 씁쓸해졌다. 조용하게 차 맛을 즐기고 싶다는 욕구와 젊은 엄마들의 무지, 아이의 기를 꺾지 않는다며 공공의 장소에서 별로 통제를 하지 않는 그릇되고 어처구니없는 양육 방식의 충돌이 그 연유이다. 얼마나 조용해야 차 맛이 나는가. 얼마나 통제를 하지 않아야 아이의 기가 자라는가. 웃자란 사랑만 퍼부어 드세어진 기는 무엇에 쓰자는 것이냐.

그런 해괴한 공간을 만들 것이 아니라 아이들에게 봇물 같은 사랑을 주어야 할 시점이다. 새 생명의 탄생이 줄어들고 있다는 그 경악할 사실을 우리 모두가 인지한다면 그런 곳이 확산되지는 않을 것이라 믿는다.

아이들이 자라 세상을 만든다. 세상의 실마리를 풀어나갈 그들이다. 건강하게 커가는 어린이의 떠드는 소리, 왁자한 웃음, 크면 어떠하고 좀 시끄러운들 어떠랴. 오히려 고마워해야 할 소리이다. 아이들이 만드는 소리는 세상이라는 수틀을 완성해가는 무늬들이다. 열려있는 대문, 골목의 아이들, 되돌아가고 싶은 시대의 이정표이다. 입을 떠난 말들처럼 다시는 불러올 수 없으니 그들에게 새로운 '골목' 을 만들어 줄 수는 없을까. 어른들이 만든 마음의 골목을. 생각들은 방목되어 예서 제서 마음대로 돌아다닌다.

큰 통유리 너머 야생화들이 유순하게 꽃밭을 이루고 실내는 아늑하다. 차는 그윽한 향기와 일품의 맛을 갖고 있다. 무엇보다 아이를 배려하는 주인을 만났다. 주문하지도 않은 따뜻한 우유 한 잔을 가져다주기도 한다. 그깟 우유가 대수이랴. 그 존재 이유를 꿰뚫어, 아기를 사랑하고 귀히 여기는 주인, 인간의 존재가치를 아는 주인의 푼푼한 마음이 고마운 것이다. 마음에 군불을 지핀 듯하다. 감정이 문득, 일렁이고 잔잔한 기쁨이 온몸으로 번진다.

경제효과

아기 띠로 아이를 들쳐 안고 등에는 가방을 짊어진 젊은 여인이 빠르게 횡단보도를 건너가고 있다. 앞과 뒤가 불룩한 그의 모습은 우스꽝스럽다. 그러나 경건하다. 그는 여인이 아니라 어머니인 까닭이다.

신호 대기 중 차창으로 만난 풍경이다.

저 아기에게 여인은 전부다. 우주다. 우주가 걸어가고 있었던 것이다. 아기는 띠로 고정되어 안겨 있는 까닭에 자유로워진 두 손으로는 물건을 들고 있다. 한쪽엔 방금 장을 본 듯 불룩한 장바구니였고 다른 쪽엔 책 한 권이 들려있다. 나는 감정이 일렁인다. 책 한 권을 손에 든 장면쯤에 감격을 하다니. 아기 양육에 넋을 빼겨 책을 볼 짬이나 있을까 싶은 어미의 지적 지향이 고마워서이다. 대출을 한 책일까 아니면 서점에서 금방 구입한 걸까. 빠듯한 일상의 귀퉁이를 베어낸 그의 독서목록이 궁금하다.

책을 좋아하는 여인을 어미로 둔 저 아기는 어떤 인생을 살아가게 될까. 어떠한 삶을 살아가건 핏줄로 이어졌을, '책을 스승으로 삼는 자'가 되지 않을까. 아기는 책을 도구로 하여 자신을 윤택하게 하는 사람이 되리라 믿고 싶다.

TV 화면 속의 노인은 동작이 무척 날렵했다. 걸어가면서 신문을 목표지점까지 정확하게 던지는 기술은 일품이었다. 그 목표가 이층, 삼층이어도 신문은 화살처럼 날아가 꽂혔다. 신문배달을 한 지가 사십여 년이 되었다는 팔십대의 노인이다. 많은 부수를 돌리느라 꼬박 네 시간을 소모하는 그를 새벽의 카메라는 따라간다. 이윽고 배달을 마치고 집으로 돌아가는 그를 좇아간 앵글은 반전의 풍경을 선물한다. 방의 사방을 병풍처럼 둘러싼 책장과

거기 꽂힌 수많은 책과 음반들은 그것들의 주인이 추레한 노인이라는 걸 의심하게 한다. 배달할 때 귀에 꽂고 다니는 이어폰은 고전음악을 듣기 위한 장치이다. 반전의 풍경이라 하나 화려한 상상은 금물이다. 그저 단칸방을 그만의 성으로 꾸며놓았을 뿐이지만 그것만으로도 놀랍지 않은가. 부유했거나 혹은 지식인이었던 전력의 노인이 불우한 형편으로 추락했다고 나는 생각했다. 보는 이들 거개가 그런 생각을 하지 않았을까.

또 한 번의 반전은 마련되어 있었다. 알코올에 흥건히 적셔졌던 젊은 날들로 하여 건강한 일상과 처자식을 잃었다는 그의 말로 유추하면 그의 전적은 나의 상상과는 괴리가 있었다. 품위와는 분명히 거리가 있었던 그를 무엇이 바꾸어 놓았을까. 세상의 상식이며 스승인 '책'이다. 우연하게 만난 한 권의 책이 그를 책의 세계로 이끌었다. 자신이 그토록 지적 성향이 강할 줄은 미처 몰랐다고 했다. 그의 지적 호기심은 끝 간 데를 모르고 세포처럼 분열했다. 자신을 하등동물이라 여겼던 열등감은 사라진 지 오래이다. 그가 엄청난 독서를 한다고 하여 그의 삶이 크게 달라지는 것은 없다. 외연은 넓어지지 않으나 혼자 만끽하는 즐거움과 자신에 대한 흡족함은 계량하기 어렵다. 책은 삶의 맺집을 키우고 부박한 영혼을 지켜주는 솟대다.

오프라 윈프리는 세상이 다 아는 여인이다. 미국의 방송인으로 명예와 억만장자의 부를 거머쥔 아주 성공한 흑인 여성이다. 사생아였으며 자신 또한 사생아를 낳은 미혼모였던 그가 어떻게 그런 성공을 하였을까. 그를 바꾼 것, 이끌어 준 것은 책이라고 하였다. 천성적인 달변에 타인에 대한 공감능력이 뛰어났다고 하지만 그 구슬들을 꿰어서 보배를 만들어 준 것은 책읽기였다는 것이다. 오로지 살 길은 독서뿐이라는 생각에 수많은 책을 섭렵했다고 한다. 읽기는 세상 설계자의 각본, 신의 의도도 바꾼다.

사위를 얼어 붙이는 겨울의 창가에서 등을 따스한 햇살에 맡기고 읽기에 골몰한다. 사람을 탐색하고 세상을 탐험하는 것은 큰 즐거움이다. 손끝에서 넘어가는 칼칼한 종잇장의 그 유쾌한 느낌을 어찌 전자책이 당하랴. 그것은 세상을 들뜨게 하였지만 종이책의 벽을 끝내는 넘지 못할 것이다. 종이책과 전자책의 차이는 과일의 단맛과 설탕의 단맛의 차이이다.

자음과 모음이 엮는 낱말들이 문장을 이루고 문학의 숲, 명상의 숲을 이룬다. 작가들이 조성한 그 숲에서 삼림욕 하듯 신선한 공기에 노출되는 것은 즐겁다. 그들의 가슴 속에 있는 내면의 무늬 즉 조용한 일렁임이나 활화산의 열정, 그들이 쌓아올린 지식이나 지혜를 무시로 만날 수 있어 나는 그저 몇 푼의 금전을 투자하여 셀 수 없는 이문을 남기는 것이다. 책은 투자 대비 효율이 높은 경제효과에 충실한 자본이다. 책읽기는 우리에게 문장이라는 보검도 갖게 해준다.

읽는 것은 즐겁다. 아직은 즐겁다. 그러나 세월 따라 쇠잔해질 육신처럼 그것도 늙어버릴 즐거움인가. 모든 일에 대한 정열처럼 이울고 말 것인가. 적은 돈으로 무한한 이문을 남기는 경제효과를 오래도록 누리고 싶다.

남영숙 수필집

화양연화花樣年華

인생에서 가장 아름다운 순간

초판발행 2020년 9월 1일
초판발행 2020년 9월 10일

저자 | 남영숙
발행인 | 서정환
발행처 | 수필과비평사

펴낸곳 | 수필과비평사
주 소 | 서울시 종로구 삼일대로 32길 36 운현신화타워 305호
전 화 | 02-3675-4000 · 5635 063-275-4000
등 록 | 제300-2013-133호
인쇄처 | 신아출판사
주 소 | 전북 전주시 완산구 공북길 16 (태평동 251-30)
전 화 | 063-275-0484 · 6374, 063-251-3885 **팩스**, 063-274-3131
이메일 | essay321@hanmail.net, sina321@hanmail.net

ISBN 979-11-5933-282-1 03810

값 13,000원

Printed in KOREA

「이 도서의 국립중앙도서관 출판예정도서목록(CIP)은 서지정보유통지원시스템 홈페이지(http://seoji.nl.go.kr)와 국가자료공동목록시스템(http://www.nl.go.kr/kolisnet)에서 이용하실 수 있습니다.(CIP제어번호: CIP2020036457)」